長日將盡，
來杯*sake*吧。

我所知，新長壽時代的日本和日本人

姚巧梅

content

目次

content 目次

前言

爲霞尚滿天

每個新的題目就像在寫一份報告，是新的挑戰。這次也是。

二〇一九年開始構思的這個題目，從蒐集資料、現場採訪到完成已接近四年。以採訪到的城市、機構、人物爲主，歸納整合資料後再架構大綱。寫完後感覺像備忘錄，言猶未盡。

長壽時代和長照的議題攸關每一個人，不拘國籍、年齡、性別、貧富，是否健康。二〇二二年滿六十七歲的自己也進入高齡者行列。但是老，不是夢魘。我是四年級生，活過資源充沛、觀念革新的時代。經濟上，比父母那一代有保險的觀念、更多接受教育的機會、有安定的工作、懂得對自己好、不排斥養老機構、一個人也能自得其樂。我們的晚年，又恰好活在一個價值觀多元的社會。都是好事。

老的試煉

另一方面，老，有許多試煉。以個人而言，面對接近死亡的老，需要勇氣，也有許多需克服的因生理退化引起的不悅。有些老人活得很不快樂，更多人對老人國的到來充滿憂慮。從社會的角度來看，高齡化趨勢確實帶來許多問題。

少子・高齡化、戰爭、病毒傳染、氣候變遷等，都是全球性議題，特別在少子・高齡化這個議題上，毫無疑問地我們的芳鄰日本是大前輩。日本在一九七〇年代開始步向高齡化，二〇〇五年少子化達到高點，在全球高齡化比例上位居龍首，男女平均壽命爲世界冠軍，這個世界第一老人國、長壽國，其「老」的實際狀況如何（What）？怎麼老（How）？爲何老（Why）？哪裡老（Where）？如何應對老（How To）？很多老人先進國都想探究。

老，無人能置之事外，是社會的大議題。人老了、衰弱了、生病了，需要他人和社會扶持。福祉是醫療存在的理由。無人可免的老如果是一個鑰匙孔，社會長照的制度與對策就是那把鑰匙，二者契合才開得了門解決問題。透過採訪與蒐集的資料後發現，我看到的是一個以國家爲主體的社會，在擬出應對老的長照方針後交由底層實踐。底層的執行者是城市、照護機構也可能是組織、個人。然而服務和被服務的主體終究是人，好好地把老年過好如果是人人所望，長照的前景可期。

這本書寫的是個人所知所見、新長壽時代下的日本人和日本社會，有些勵志色彩，順便提醒自己：爲霞尚滿天。這也是第八章「新長壽時代人物」的重點。老人都會是年輕人。別忘了，有一天你也會變老。我所邂逅的這些日本長者拒絕爲老做定義，不理會社會框架，不柔弱地向老屈服。透過社會參與，表現出來的行止在晚年大放異彩，令人愉悅，成爲一種善行。

重溫旅行

引用數字表現包括日本在內全球都在變老的事實，並從福祉．醫療的角度了解日本長照的特色，爲第一章「日本是全球最老國家」的主旨。第二章「虛構中的眞實」透過虛構小說和小說家反映高齡社會下日本國民集體的焦慮。第三章從實際接觸的人物和書籍看到「老人國的憂鬱」，包括照護問題、失智症者年輕化等。第四章「在地終老的實踐」可以察知，在政府「Aging in Place」（在地終老）的長照綱領下，以東京大學高齡社會綜合研究機構爲首的學術機構等，如何與社區、照護機構、弱勢城市聯手落實。第五章「地方小城的大志向」承襲第四章，從現場探究小城從高處著眼的志向與策略。第六章「放手的藝術」則透過安寧療護機構、民間寺院和醫生了解與死亡和解的哲學。第七章透視地方城市、政府官員、醫院和製藥企業的行動，感知「新長壽時代的黎明」曙光乍現。

疫情蟄居期間，每當撰寫潤飾這份備忘錄時，腦海會重溫採訪當時的場景，與人物重啟對話，彷彿重新旅行了一次。感覺很美好。

關於用語。「照顧」與「照護」長照領域中，在台灣依主管單位不同各有偏好。社會福利領域偏好「照顧」而護理界喜用「照護」。後者被認定是技術性護理工作，需由專業人士執行。

日本有「ケア」（keya）、「介護」（かいご）和看護（かんご）的說法。狹義地說，「ケア」有介護、看護之意。介護和看護兩者的不同，文中做了介紹（詳見第四章「有錢未必幸福——照護福祉師池田玲子的告白」）。我將「介護」譯成「照護」，看護則維持原日文漢字。由於本書重點置於長照，除非台灣有固定用法，例如「社區整體照顧體系」（地域包括「ケア」システム）將ケア寫成「照顧」，日文的「介護」則一律以「照護」表現。

要致謝的人和機構很多。《地獄是可以克服的：一個台灣記者的311日本東北紀行》採訪場所以福島縣爲主，分兩次在同一個縣市深入採訪，從蒐集資料、實地採訪到完成約一年多。寫這本書，去了許多不同的城市，分四次採訪，到完成歷時三年以上。受訪的人物中，有人健康受損也有人離開當時的職務，我也不是以前的我了。只不過採訪寫作的熱忱沒變，感謝蔚藍文化的心情一樣。協助整理錄音帶等雜務的李振延年輕又能幹，在此一併致謝。

日本是全球最老的國家

全球都在變老，連年齡都被重新定義。首倡「人生一百年時代」的日本也察覺年長者的生心理隨時代進步，七十四歲以下者的身心大多都能保持健康、參與社會活動，因此在二〇一七年，決定七十五歲以上，才能定義爲「高齡者」，這個定義在二〇一八年的日本內閣會議中獲得認可。

「面對長壽時代，年齡的概念並非單一。如果根據實際狀況重新定義年紀，就必須解除時間＝年紀的魔咒。（略）年紀是可塑的，可分為生物學（身體年齡）、社會學（在社會如何被看待）和主觀性（你自覺幾歲或自覺很年輕）年齡。」

這是美籍經營學教授林達．葛瑞騰（Lynda Gratton）和經濟學教授安德魯．史考特（Andrew Scott）在新作《長壽新人生——在人工智慧與高齡化的未來，工作與生活的嶄新指南》（*The New Long Life: A Framework for Flourishing in a Changing World*）中所言。他們稱六十至六十九歲長者為「青老」（young-old），七十至七十九歲「中老」（old-old）、八十歲以上為「老老」（oldest-old），並以長壽時代取代高齡社會、超高齡社會的說法。

兩人在另一本共著《一百歲的人生戰略》（*The 100-Year Life:Living and Working in an Age of Longevity*）寫道：「人類預期的壽命正逐漸延長，所有人都受到影響。而且歲數不是微幅增加，更是大躍進。今日的西方孩童有超過五成的機率活到一百零五歲以上。（略）過去兩百年，人類的壽命穩定成長，大概以每十年增加兩歲的速度遞增。因此目前二十歲者有五成機率活超過一百歲；四十歲者有五成機率活到九十五歲；六十歲者則會活超過九十歲。（略）二〇〇七年出生的孩子有百分之五十的機會活到一百零七歲；二〇一四年出生者，長壽機率提升至有百分之五十的人可活到一百零九歲。」

沿用兩名學者的論述，我則在長壽時代前加一個「新」字。畢竟活到一百歲的時代絕對是人類史上嶄新的經驗。

首倡「人生一百年時代」的日本也察覺年長者的生心理隨時代進步，七十四歲以下者的身心大多都能保持健康、參與社會活動，因此在二〇一七年，決定七十五歲以上，才能定義爲「高齡者」，這個定義在二〇一八年的日本內閣會議中獲得認可。

大家一起變老

那麼，全球都在變老的證據何在？可從高齡化發展的速度和高齡化比例來看。

WHO（World Health Organization，世界衛生組織）宣稱，自二〇一七年到二〇五〇年止，全球發展中國家六十歲以上人口將佔八十%，將從六．五二億人增到十七億人。非洲增加的速度最快，其次是拉丁美洲、加勒比和亞洲。先進國則從三．一億人增到四．二七億人。

從人口看，二〇二〇年的世界總人口是七十七億九千四百八十萬人，到了二〇六〇年有一百零一億五千一百四十七萬人。其中六十五歲以上比例從二〇二〇年九．三%，升至二〇六〇年十七．八%。

以高齡化發展的速度而言，開始得最早的歐美國家是法國，亞洲國家是日本。

根據二〇二一年版日本內閣府「高齡社會白皮書」資料，二〇二〇年止高齡化速度從七%的倍數到十四%所需的年數，法國費時一百二十六年（一八六四至一九九〇）、瑞典八十五年（一八八七至一九七二）、美國七十二年（一九四二至二〇一四）、英國四十六年（一九二九至一九七五）、德國四十年（一九三二至一九七二）。亞洲國家中，中國二十三年（二〇〇二至二〇二五）、新加坡十七年（二〇〇四至二〇二一）、韓國十八年（二〇〇〇至二〇一八）、日本二十四年（一九七〇至一九九四）。估計後半世紀全球高齡化將更加速。

亞洲國家中高齡化最早的日本，之所以在一九七〇年代即微現端倪，主因有兩個。一是人口死亡率降低與

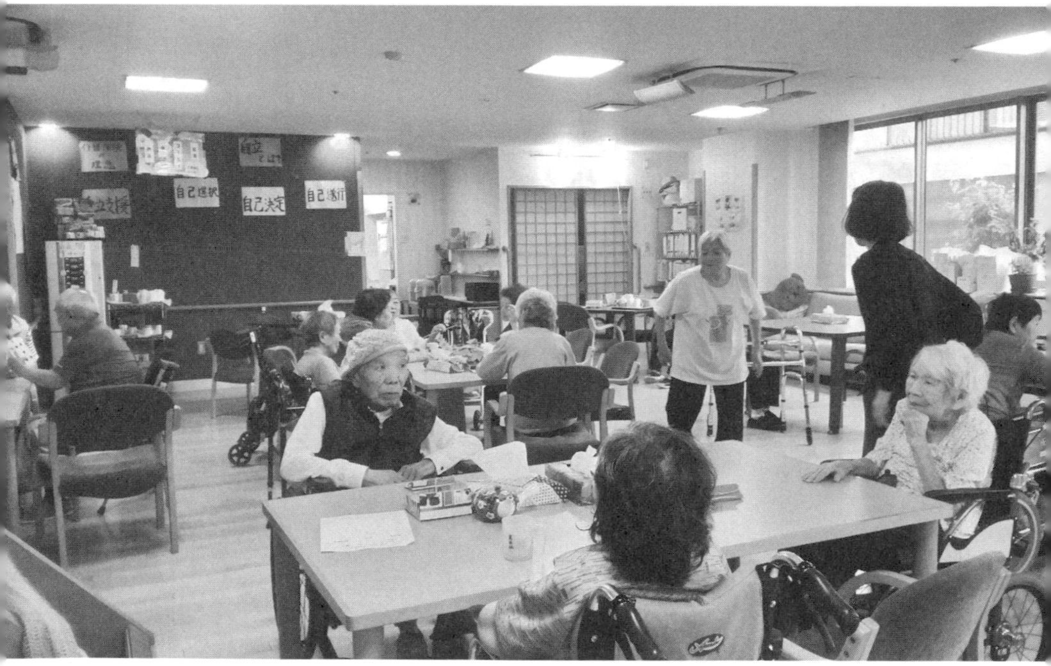

日本是全球最長壽的國家。

平均壽命延長，致使六十五歲以上人口增加；二是少子化。

第二次世界大戰後，日本無論在生活環境、飲食生活、營養狀態、醫療技術等都有長足的進步，這使得幼兒和青年的死亡比例大幅降低。隨著人口死亡率降低而至的是平均壽命延長。根據日本厚生勞動省於二〇一一年所做的「人口動態統計」分析，日本的死亡比例（平均每一千人的死亡人數）從一九四七年的十四．六％降至一九六三年的七．〇％，一九七九年締造了最低紀錄六．〇％。於此同時，一九七〇年，日本六十五歲以上人口達到總人口比例七％。而這個比例正是聯合國所定義「高齡化社會」的標準。

少子化造成日本年輕人口減少。根據二〇〇五年高齡社會白皮書顯示，二〇〇五年日本出生人口的紀錄最低，僅一〇六萬人，出生率爲一．二六％。二〇二二年一月，總人口一億二千五百四十四人，比前年同月少了六十三萬人。

以高齡化比例而言，目前日本居世界之冠。與歐美國家相比，一九八〇年代日本原是後段班，但在一九九〇年代排名開始向前推移，二〇〇五年少子化達高峰。結果在二〇二〇年以後，六十五歲以上人口比例二十八．五％，全球第一。其次是義大利（二十四．〇％）、德國（二十二．七％）、法國（二十．八％）、瑞典（二十．七％）。

六十五歲以上人口持續增加的現象，於二〇二一年九月以後依然持續，根據日本內閣府二〇二二年高齡社會白皮書資料顯示，在總人口一億二千五百五十萬人中，從年齡階層來看，六十五歲以上三千六百四十萬人、佔二十九．一%。其中六十五至七十四歲為一千七五十四萬人，佔總人口十四．〇%，七十歲以上二千八百五十二萬人，佔二十二．八%，七十五歲以上一千八百六十七萬人，佔十四．九%。預計二〇六五年總人口將減至八千六百多萬人，屆時六十五歲以上將超過三十八．一%，七十五歲以上二十五%。

其中，七十歲以上人口遽增與團塊世代[1]步入老年關係極大。

日本符合WHO定義的高齡化社會是在一九七〇年，六十五歲以上佔總人口七．〇四%。成為高齡社會是在一九九四年，超過十四%。二〇一六年正式步入超高齡社會，比例是二十七．三%。至於台灣，台北市是六都中第一個成為超高齡的直轄市（二〇二〇年），六十五歲以上佔二十%。台灣則在一九九三年進入高齡化社會、二〇一八年躍為高齡社會，預計二〇二五年邁向超高齡社會。

1 團塊：junior。「團塊世代」指一九四七至一九四九年第一次嬰兒潮出生者。（兩千八百多萬人，佔總人口二十二．八%）。這些人都已七十五歲以上。

想知道日本怎麼做

根據ＷＨＯ的「World Health Statistics 二〇二一」資料，在男＋女合計平均壽命方面，日本在二〇一九年以八十四．三歲，全球奪冠。若以性別區隔，則女性八十七．七四歲是世界冠軍（二〇二〇），男性八十一．六四歲僅次於瑞士，排名第二。

可以說無論男女平均壽命、少子．高齡化趨勢、高齡化比例、高齡化發展速度，日本在全球皆名列前茅。如果說日本是全世界最老、最長壽的國家應不爲過。

由此，日本老的實際狀況如何（What）？爲何老（Why）？哪裡老（Where）？如何應對老（How To）？不僅成爲其重要的社會議題，更是其他許多國家想探究的。

「不少歐美國家面對國家老化問題都覺得束手無策。我接待過許多外國考察團，他們都迫切地想知道老人先進國日本如何處理這些問題。」曾任東京大學高齡社會綜合研究機構特任講師的後藤純證實。

東京大學高齡社會綜合研究機構是一個秘密基地，銜命進行一個鮮爲人知的社會實驗。於二〇〇九年成立的這個機構負責號召全國各界專家學者和城鄉，透過建構新的都市風貌實踐高齡者「在地終老」的理想，並將計畫取名為「二十一世紀新都市構想」[2]。原始構想源自日本政府為響應聯合國主導的SDGs（Sustainable Development Goals）永續目標、實踐WHO標榜的健康老齡化、形塑高齡友善城（Age-Friendly City）等而來。

少子・高齡化對社會帶來的衝擊不小，尤以財政問題最讓日本政府頭疼。日本的有識之士視長壽化＋少子為生成的要因，社會課題從中衍生。

日本媒體報導，二〇二二年度日本的國家財政總預算中，歲出預算創新高，達一〇七・六兆日圓。歲入預算則有三成靠發行國債，為了彌補稅收不足，政府發行了國債三十六兆九千二百六十億日圓，可謂國家財政狀況嚴峻。而在歲出預算中最顯著的是，國債與社會保障支出的增加。

日本的社會保障支出與高齡者對醫療、照護・看護的需求提高關係密切。而醫療與照護・看護的需求攸關長照（長期照顧）。鳥羽美香教授在二〇二二年二月一次台

---

2 詳情請見第四章「在地終老的實踐」。

日論壇中提示了兩點。她是日本文京學院大學人間學院人間福祉學系教授。

一是近年日本的社會保障支出居歷史新高。根據日本國立社會保障・人口問題研究所的「社會保障費用統計（二〇一九）」資料顯示，社會保障支出（含醫療、退休金、照護、福祉及其他金額）合計一百二十三兆九千億日圓，是過去最高水準，佔國民所得比例三十・〇九％。其次，與高齡者有關的給付費持續地增加。在社會保障支出中，與高齡者有關的給付費（依據國立社會保障・人口問題研究所的定義，其金額合計爲退休金保險給付費＋高齡者醫療給付費＋老人福祉服務給付費＋高年齡持續雇用給付費），在二〇一八年爲八十兆八千億日圓。比前一年的七十九兆七千億日圓還多，佔社會保障支出六十六・五％。

換言之，隨著高齡人口增加，日本的醫療保健

鳥羽美香教授於二〇二二年二月參加台日長照論壇。

支出也提高了，於二〇一九年達五千九百一十九億八百萬美元，佔GDP之十一．〇%，全亞洲最高、全球第五名。其他先進國是美國十六．八%、德國十一．七%、瑞士十一．三%、法國十一．一%。

然而，醫療保健支出、社會保障支出龐大，從好的一面來看，也表示日本國民受到極好的醫療照料。這一點，同樣參與前述論壇的東京經濟大學福祉學教授西下彰俊也同意。基於「醫療的原點是福祉」這個理念，日本在長照領域中創造了一個特色，就是照護保險的實施。

日本長照的特色

日本的國民醫療保險類似台灣的健保，但是照護保險台灣沒有。日本是繼德國後全球第二個實施照護保險的國家[3]。照護保險是爲國民老後生病需照顧時所做的事先投資，具有醫療．福祉的精神。提供服務者是政府和民間機構，日本將照護服務與保健服務一體化。在人口急遽老化的背景下，日本政府在一九九四年提案、一九九七年制定法令、二〇〇〇年實施、二〇〇五年再度修法。

爲了實施照護保險，政府需募集經費，早在制定法令前一年的一九八九年即導入消費稅三%，一九九七年五%、二〇一四年八%，二〇一九年升至十%，逐年加高而且估計會再攀升。

至於照護保險費的分攤則由政府和被保人擔負。政府（國家、都．道．府．縣、市．町．村）以一般稅收支應五十%，被保人負擔五十%。在使用者付費的前提下，需繳納的保費不低，費用每三年調整一次。被保人分兩種。六十五歲以上者爲第一類（從退休金徵收），四十歲至六十四歲者屬第二類（從醫療保險費徵收）。大體說來，二〇二一年止，全國平均每人每月保費六千零一十四日圓。隨著保險者人數增加，預估二〇二五年止，會調至八千一百六十五日圓。

儘管長照費用由全國國民買單而且會繼續上漲，但其制定與實施獲朝野正面看待者多。老人學研究者上野千鶴子即其中之一。她盛讚：「從結果來看是成功的。實施照護保險使得養老設施的營運獲得改善，同時帶動了居家照護、在家臨終這種符合人性的風氣。」

凡事習慣未雨綢繆，日本在一九九〇年代開始構思長照因應對策。粗略而言，對策的核心即建構「社區整體照顧體系」概念，以居住地爲主，從醫療、福祉、保健的概念，發動全國社區民衆合力支援高齡者、失智症者等弱勢族群。另一方面，爲了讓政令滲透全國，在一九八七年先從行政區：都（一都）．道（一道）．府（二府）．縣（四十三個縣）中，指定各城市成立高齡者服務綜合推進會議，在市．町（鎮）．村設置調整高齡者服務團隊，將保健醫療與福祉領域的實務者與組織結合起來。一九八九年擬定「高齡者保健．福祉十年戰略」（又名「黃金計畫」），推動到

3　日本的社會保險有醫療保險、退休金保險、勞災保險和雇用保險，照護保險是第五種。

全國；二〇〇〇年照護保險法實施後，將保健納入照護，為一九四〇年代就開展的預防醫療制定更全面的法規；二〇〇五年修訂照護保險法，完成「社區整體照顧體系」藍圖，並成立「社區照護支援中心」（地域包括支援センター）作為主力推手。到了二〇一九年，全國已有五千多個社區整體照顧體系。

教科書裡沒說的

根據鳥羽美香教授的觀察，爲確保照護服務的質與量，日本政府積極地鼓勵民間企業、NPO法人加入行列是特色之一，「照護支援專員」（ケアマネジャ）職種的設置也是。照護支援專員是連結使用者、機構與事業者之間的橋樑，主要任務是配合使用者的需求爲其擬定全盤計畫，需具備國家考試資格。參加國家考試的資格包括擁有保健、醫療、福祉、復健等執照，或在前述領域中工作五年以上（或九百天），以及在相關設施持續工作十年以上者。二〇〇七年後更新資格，需每隔五年接受研修課程。

另外，西下彰俊教授透露，免費的醫療評估、接受失智症者的積極態度與做法，以及保健師制度，也是日本長照的特色。

西下彰俊是東京經濟大學福祉學教授，也是瑞典的長照權威。他長年觀察台灣、韓國的長照，對台灣外勞僱傭問題有極深入的研究。在新冠病毒蔓延以前，每一年來台灣考察兩次。每次都會赴台北車站訪問外勞、參訪台灣的老人院。最近一次赴台是二〇二〇年四月，他戴著口罩接受訪問。

他透露，日本大城市的資源豐富，醫院、診所很多，有的走路僅需十至十五分就能到達，而且只要是加入長照險或醫療保險的人都可享受免費諮商。但另一方面，日本人的個性偏向杞人憂天，一有小毛病就跑大醫院。「到醫院看診過於頻繁會讓政府的醫療給付負擔加重。例如看診一次約一千五百日圓，七十五歲以上的人自己負擔一成、七十歲以上兩成，其他人三成。」

這是特色，也有過度保護的色彩。西下教授舉瑞典爲例，瑞典醫療系統的設計以減少支出爲前提。醫生、醫院和地方診所的數目不多，但醫療思想很進步。例如很早就認知到失智症是老化引起的腦部障

西下彰俊教授訪台時，在台北車站與外勞合影。

礙而非特殊疾病。

鑑於瑞典進步的醫療思想，一九九〇年後期，日本就開始模仿瑞典的照護系統，意識到各型老人院與照護機構的需要，除了公家機構，也鼓勵民間設立而且種類多元。以民間經營來說，針對需照護者有「附照護需求付費老人院」、「住宅型付費老人院」；以能自立生活的長者爲對象的則有「附服務高齡者住宅」、「銀髮族公寓」、「健康付費老人院」等。到了二〇二一年，僅民間至少就有十萬家以上，能接納的入住者（含失智症者）約一百萬人以上。另外則有所謂「照護保險機構」。這是由社會福祉法人、醫療法人等營運的公家照護機構，在後文將會介紹。

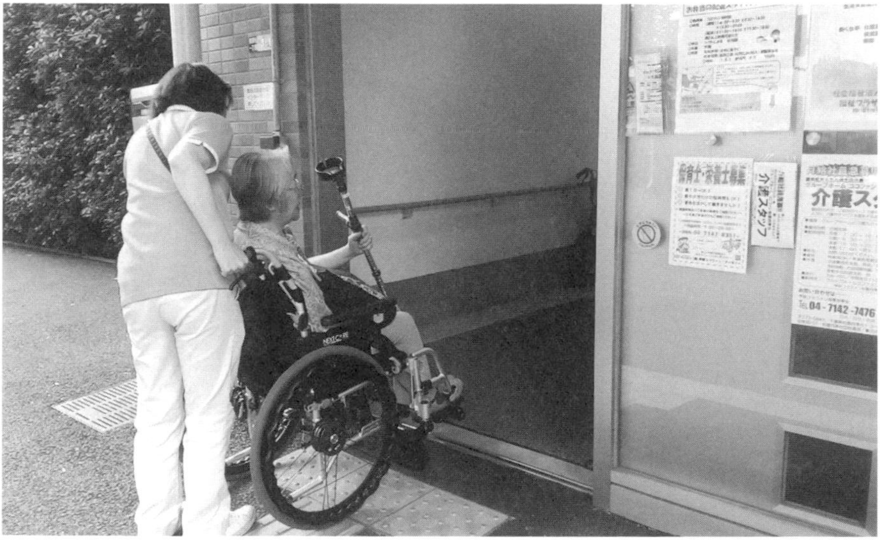

長照保險嘉惠了許多老人。

此外，保健師（Public Health Nurse）的存在也不容漠視。據西下教授所知，到二〇一八年止，擁有執照並投入這項工作者至少有五萬人以上。保健師的工作內容和照護師、看護師又不同。廣義地說，保健師（身心保健）是滲透地方的一種看護人員。在接受特定的專門課程並通過國家考試後，投身地方上與疾病預防、促進健康相關的公共衛生活動。

要取得保健師執照需先通過「看護師國家考試」。於研習一年以上後再參加保健師國家考試。通過後根據任職場所，再區分是行政保健師、產業保健師或學校保健師。

日本的保健師活動有其特殊的歷史。始於一八八七年京都看護師學校（現在的同志社大學），最初只招考女性。被錄取的女性秉持基督教信仰，以從事公益事業爲名，執行實際上的全國巡迴看護任務。男性加入是在一九九三年法律修訂之後。二〇〇二年以後，不拘男女統稱保健師。

「這種連結個人專業與地域健康的社會制度，是新長壽時代的助力。」西下教授自豪地表示，「連北歐的福祉先進國瑞典都沒有做到，可說是日本社會的優勢。」

高齡失智者遽增

超高齡趨勢促成失智症者增加。根據二〇一七年高齡白皮書的數字，日本高齡失智人口在二〇一二年約四百六十二萬人。若以高齡者人口十五%的比例來算，到了二〇二五年，六十五歲以上者，平均五人中就有一人。爲了保障逐漸增加的失智高齡者的權利，特於二〇〇〇年通過民法擬定「成年後見制度」[4]。

失智症的預防與照護早於一九九〇年代就被日本納入國家計畫中。二〇一四年以「Dementia Friendly Society」爲題提前佈局，日本厚生勞動省（相當於台灣的衛福部）老健局公布四項主題：地域失智症者之預防與照護、透過科學連結失智症者、社會全體要溫柔地對待失智症者、活用ＩＣＴ面對未來的課題。二〇一九年公布「失智症施策大綱」[5]，以地域社區爲單位，希望能全面性地關照失智症者，以便讓他們融入社會，安心地生活。而這些都涵蓋在「社區整體照顧體系」的架構下。

除了瑞典，台灣與韓國的長照也在西下彰俊教授的視野之內。他透露，日本目前有一千多萬名支援者。而爲了深化對失智的知識、了解自己能提供哪些服務，支援者們莫不爭相參加由政府主辦、民間協辦的線上·實體課程。「至於韓國，人口雖不及日本一半，但是自願加入協助失智症者的人有七十萬以上。」

4 成年後見制度：廣義地說，是一種對當事者實施支援性法律的制度，即「支援意志決定法制」。當事者（自然人）的意志能力處於低下狀態一段時期後，其判斷力改由他人代爲行使。

5 「失智症施策大綱」別稱「新橘色」計畫，將橘色定爲失智的代表色。

虛構中的真實

《七十歲死亡法案通過》是一本虛構小說。故事背景是，由於高齡者人數已超過全國人口三成，導致日本的財政面臨建國以來最大的窘境。國家 GDP 耗費在老人醫療至鉅，企業的退休金制度也難以為繼，國民醫療經費捉襟見肘，照護保險制度在瓦解邊緣。……於是，政府想出一個相信能讓國家起死回生的解決法案：「七十歲死亡法案」。

百年人生的到來有光也有翳影。上野千鶴子也是東京大學名譽教授，她以《照顧的社會學——給當事者主權的福祉社會》（暫譯。《ケアの社会学——当事者主権の福祉社会へ》，二〇一一）取得東京大學論文博士學位。她雖肯定照護保險政策的成功，但不敢掉以輕心。她表示：「要營造讓每個國民從生到死都能感到安心的社會，路才走了一半。」

不可諱言地，日本儘管有著領先全球的照護保險制度，但是與升斗小民生活息息相關的消費稅（逐年提高）、政府仰賴借貸（發行國債）維生、社會保障與醫療給付也持續增加，種種財政拮据的露骨表現，莫不牽動著國民的神經。

不讓上野千鶴子等代表的學術界專美於前，神經敏銳的日本藝術家也透過文學、電影等，先後針對這個重大的社會議題發言，在虛構中呈現真實，成爲經典。

透過虛構的情節驅動或教育民衆關心社會正在發生的問題或促成認知，有人說是藝術的使命之一。

不一樣的是，相對於習慣把老人問題與財政負擔劃上等號的公家機關，感受靈敏的文人則多以悲憫之心思考老年問題，明嘲暗諷表達不滿。其中書名駭人的《七十歲死亡法案，通過》（《七十歳死亡法案可決》，二〇一五）是近年最具識諷效果，捲起社會話題的小說。「爲了國家，請去死吧。重振經濟最有力的方法，就是將七十歲以上的老人一律安樂死」是這部小說的文案。

七十歲老人一律處死

這部黑色小說後來成爲熱門的社會新聞，作者垣谷美雨的聲名隨之大噪。受到鼓舞，後來她繼續創作了數本以高齡社會背景爲題的小說，其中《老後沒有資金》（暫譯。《老後の資金がありません》，二〇一八）被改編成電影。

《七十歲死亡法案通過》的故事背景是，由於高齡者人數已超過全國人口三成，導致日本的財政面臨建國以來最大的窘境。國家GDP耗費在老人醫療至鉅，企業的退休金制度也難以爲繼，國民醫療經費捉襟見肘，照護保險制度在瓦解邊緣。……於是，政府想出一個相信能讓國家起死回生的解決法案：「七十歲死亡法案」。而法案已在二〇二〇年二月通過，將在兩年後的四月實施。法案規定凡具有日本國籍者，過了七十歲生日以後，在三十天內必須安樂死（皇族例外），而且有哪幾種死法全設想好了。

故事的女主角選定五十五歲的家庭主婦寶田東洋子。東洋子照護臥床不起的婆婆十三年了。八十四歲的婆婆性格乖僻，堅持臥床要擺在面向院子的客廳。這使得客廳始終飄散著屎尿味。婆婆雖然自己能站立，卻經常故意躺臥不起，動輒使喚東洋子服侍自己。

婆婆知道政府通過法案後，行爲變本加厲。「反正都要死了，何樂不霸凌？」面對生心理扭曲的婆婆，東洋子身心消耗至鉅。儘管她心裡知道好歹再忍耐兩年，等婆婆被安樂死了以後自己就能解脫，無奈鬱結的心情如影隨形，焦慮日增。「況且兩年後，自己也剩十三年可活了。」

期待家人協助的夢也因其各自的盤算而幻滅。東洋子五十八歲的丈夫知道法案通過後立刻辦理退休，獨自環遊世界去了。二十九歲的兒子是繭居族，不勞動也不外出。當看護師的三十歲女兒擅自搬出去住了。求助無援的東洋子內心黑潮洶湧，幾乎要滅頂在高齡海嘯之中⋯⋯。

發展到最後故事情節雖峰迴路轉，處死老人的法案因被顚覆而實施不得，改以聚衆募資解決國家財務的問題，但是「七十歲老人一律處死」的冷血概念，縈繞在讀者腦海揮之不去，令人不寒而慄。

事實上，「棄老求生」主題的濫觴應是一九五六年深澤七郎的《楢山節考》。故事情節根據發生在信州（現在的長野）窮困山村的民間事件編撰，深刻地刻畫爲節省糧食而把六十歲老人丟棄於深山等死的殘酷現實，在一九八三年改編成電影。

老人失智的議題，則早在一九七〇年代就由女作家有吉佐和子透過《恍惚的人》（《恍惚の人》，一九七二）發聲。這也是日本第一部描寫失智症者及家庭糾葛的作品，並預告了老人國的來臨。這部寫實小說啓發了民眾對失智症的認知，當時狂銷一百五十萬冊。《黃落》（《黃落》，一九九九）則首度刻畫中年夫婦爲照護年邁雙親造成家庭失和的悲劇。《介護入門》（暫譯。《照護入門》，二〇〇七）以照護題材首獲藝術文學芥川獎的賞識，描寫二十九歲無職、沈溺於大麻的男主角，每天宅在家裡照護臥床祖母的所思所想。《照護退休》（暫譯。《介護退職》，二〇一四）領風潮之先，表現上班族迫於照護提前退休，導致生活開始崩塌的無常，同時暗示高齡化有如風暴席捲，幾乎無人能遁形的現實。

長照與照護、福祉、醫療脫不了干係。到了二〇〇〇年代，醫療小說開始盛行。不少會講故事的醫生作家紛紛上場，渡邊淳一、帚木蓬生、海堂尊等都是箇中佼佼者。其中擅長經濟小說的眞山仁雖不是醫生，但越界挑戰生技醫療領域，以懸疑的手法在《神域》（暫譯。《神域》，二〇二〇）中，編撰出人類爲重生而研發出以患者本身的細胞治療阿茲海默症的情節。作者藉著讓細胞重生的醫療技術，質疑人類是否已介入神的領域，並揭露新藥研發的國際競爭、功過，以及國家權力介入的內幕。這本上下兩冊的野心之作炒熱了醫療小說。

改寫自社會派女作家山崎豐子原作的日劇《白色巨塔》（《白い巨塔》，一九六五年初版）以揭發日本醫療界權力生態的主題，吸引了國內外觀眾的眼睛，收視率居高不下。後來不僅多次改編成電視劇、搬上大銀幕，於二〇一九年還推出電視新版，一樣熱門，紙本也狂銷四百多萬冊。

無效醫療和尊嚴死

被日本媒體譽爲繼山崎豐子的「後起之秀」——醫生作家久坂部羊（本名久家義之），是我認識的醫療小說作者。

久坂部羊擅長批判當今日本的醫療，陸續提出許多至今存在的問題。他捨棄名醫出手援救絕望患者的敍事方法，改以心理學的角度描寫年長者、失智症者等這種社會邊緣者的內心世界，自成一格。

這位醫生作家透露，從二〇〇〇年以前他就開始接觸高齡患者。他長年爲高齡患者看診、擔任居家訪問醫生，接觸過不下三百名失智症長者。寫作的靈感就是這樣來的。因爲工作之故，必須側耳傾聽患者說話，因此從中發現許多未被開拓的醫療現場的問題點。於是，在《老亂》（《老乱》，二〇二〇）中，他精確地描寫路易氏體失智症（DLB，Dementia with Lewy bodies）患者三年來，從產生幻覺到確診的生心理變化，巧妙地呈現了失智症的不同典型（其他還有阿茲海默症、額顳葉型失智症、腦血管性失智症）。

準備了三十多年才成為作家的久坂部羊醫師。

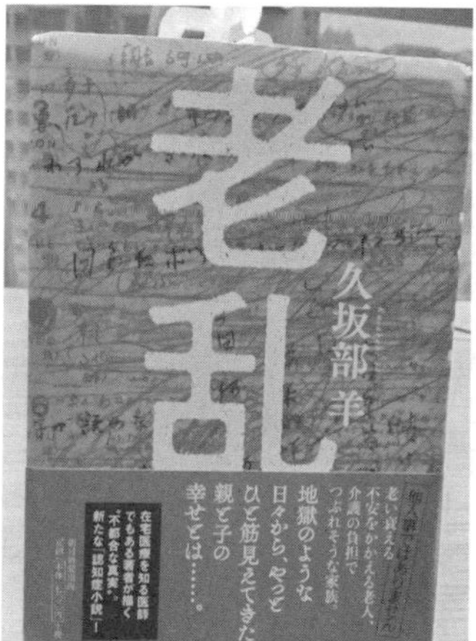

此外，以醫療者的視點，他將話語權賦予七十八歲罹患失智症的男主角，讓其透過獨白與日記表達細膩微妙的心情。例如：「啊，我的腦袋一片空白」、「覺得好悶呀」、「午餐吃了些什麼？怎麼想不起來了」、「走路的時候，腳沒辦法向前移動，尿布濕了也沒感覺」、「怎麼會變成這樣，眞是個廢人呀」、「儘給別人添麻煩，眞對不起啊」……。這和一般小說將重點放在家屬、醫療人員或第三者的描寫手法大異其趣，並且呈現了醫療者對不可抗疾病的高度理解和同理心。

「我要讓家屬們知道，千萬不要期待失智症可以治癒。而且不管他們做出多少無厘頭的行爲，像是把糞便塗在牆上、多疑幻想、疑神疑鬼，都要全盤地接受，否則只會愈來愈痛苦。」久坂部正色地表示：「和失智症一樣，老，也是無法治癒的。」

一般而言，醫療向來以治癒爲目的。但是久坂醫生從不同的角度探討無法治癒的疾患，例如晚期癌症、失智症、老化，並藉此探討從中衍生的無效醫療[1]、醫病倫理和人生哲學。

以獲日本醫療小說獎的《惡醫》（《悪医》，二〇一七）爲例。和久坂部相識就因爲這部作品，而我忝爲譯者。小說獲獎的理由是「生命受到威脅的晚期癌症患者和對生命深有責任感的醫生。兩者糾結的內心與難以文字傳達的內心想法，都被作者巧妙地表現了。」

久坂部醫生的裝扮和刻板印象裡的醫生很不一樣。和他初次見面約在大阪地鐵站月台，差點錯身而過。只見他頭戴鑲黑邊有帽簷的灰色帽子，方型腰帶前的釦環閃閃發出銀光，淺灰直條西裝內搭深藍襯衫，左手拎著的公事包款式摩登。

「尖銳地揭露現代醫療的舊瘡疤」是書評家對這部作品的評語。作品裡直白不諱地揭發醫院、醫生與藥廠之間不當的勾結、醫療給付的缺失、醫院爲求生存的隨波逐流，「我專挑黑暗面寫。日本社會愈不肯正視的問題我愈要寫。」久坂部也不否認。

《惡醫》透過描寫五十二歲晚期胃癌患者小仲辰郎和三十五歲外科醫生森川良生之間的齟齬與和解，誘導讀者思考無效醫療、尊嚴死、醫病關係和臨終醫療等問題。身爲主治大夫的森川坦白地告知患者小仲無藥可醫，但一心求活的小仲拼命找尋解藥、執意找其他醫生治療。「與其選擇痛苦、無效的治療，不如把剩下的時間拿來做喜歡和有意義的事。」森川大力勸阻。但身爲患者的小仲沒有接受，甚至誤解森川根本就是個見死不救的壞醫生。

整本書反覆地透過辯證式對話和思想強調身分、立場、認知迴異的雙方的堅持，

---

1 無效醫療：日文是「延命医療」，Life-support treatment。其定義是非根治而以延長生命爲目的的治療）。

各說各話，但也透過醫生對自己患者日夜的牽掛，表現出視病如親、溫暖的醫病關係。末了，身心受盡折磨的小仲最終難逃一死。臨終前終於領悟醫生針對無效醫療的堅持出自良知，其實才是好醫生的作爲，最後終能以平靜的心坦然地面對死亡。

小說中的森川醫生甘冒不韙地直接對決無效醫療，用了極大的力氣，但也有撥亂反正的效果。尊重患者求生的意志固然是醫療的最高準則，但另一方面，不贊成無效地延長生命的患者也有。二〇一七年，厚生勞動省針對癌症晚期患者做了意識調查後獲知，願意用鼻胃管攝取營養者僅九・八%，反對者六十四・〇%；願意用胃造瘻者六・〇%，反對者七十一・二%；願意用人工呼吸器者八・一%，反對者六十五・二%，這當然也涉及生活品質與尊嚴死的問題。

《惡醫》誘導讀者思考無效醫療、尊嚴死、醫病關係和臨終醫療等問題。

暮色漸濃，來杯 sake 吧

除了無法治癒的絕症，衰老也提升了無效醫療的費用。根據社團法人日本醫師會的資料，中老者、老老者在臨終前住院的單價平均是三萬一千八百日圓。但金額會隨必要的看護和入院日數而更動。若以醫療費用負擔三成的患者而言，一個月就要三十至五十萬日圓不等。

另根據日本財務部發布的資料，過去十年，日本的國民醫療費以平均二·四％的速度年年成長，而其中有一·一％與高齡化有關。根據二〇一九年厚生勞動省「國民醫療費概況」資料，與前一年相比，多出九千九百四十六億日圓，合計四十四兆三千八百九十五億日圓，較前一年成長二·三％。其中六十五歲以上總計二百六十二億日圓，佔了總數一半以上。

從每一個國民的平均醫療費用也可看出高齡者的支出較多。四十五歲到六十四歲平均一人一年需二十八萬日圓（較前一年多一·八％）、六十五歲以上七十五萬圓（二·一％）、七十歲以上八十三萬圓（一·〇％）、七十五歲以上九十三萬圓（一·

三％）。至於日本國民醫療費用的來源是政府支付四分之一、地方政府支付八分之一（全部取自國民的稅金）。其他則由企業負擔兩成、被保者三成、患者一成。

當然，除了高齡者以外，醫療費用增加和醫療技術提高（研發金額昂貴，某些罕見疾病的醫療費相對提高。例如脊髓性萎縮症的治療藥Zolgensma，僅點滴注射即需一億六千七百零七萬日圓〔適用醫療保險〕）也有關。

「對我來說，毫無意義地延長生命的治療就是無效醫療。徒然加重患者身心的痛苦，也浪費醫療資源。」久坂部透露：「在日本，什麼時候該中止無效的治療，患者、家屬和醫療機構的意見莫衷一是。」

目前的實情是家屬的意見總是佔上風，影響所及，醫療機構也一面倒。由於沒有法律依據，而醫院爲了避免家屬事後訴諸法律，通常選擇執行無效的治療。而且爲能繼續經營、獲得政府補助，明知患者無藥可醫或無需醫治，仍替患者動手術或開具處方籤。另一方面，掙扎求生的患者也多半會要求延續生命的治療。

實際上，在日本，患者本身有權利向醫療機構提出中止治療的要求。但前提必須是營養維生係透過人工方式攝取、爲已無效的腎功能洗腎、腦死等。

無效醫療往往導致生活品質低落，也攸關尊嚴死。日本目前針對尊嚴死或安樂死迄今仍無明文法令[2]。二〇〇三年，日本尊嚴死協會雖已擬定「尊嚴死之法律案要綱」，並向厚生勞動省請願立法，但和安樂死一樣，迄今尚未立法。

「活得好或活得長哪一個比較重要，其實沒有標準答案。」久坂部醫生道出自己的人生哲學。他表示：「因爲我們習慣把長壽當做好事，所以排斥死亡是很自然的。但是誰知道呢？往生了，也就感知不到痛苦和煩惱，不必擔心麻煩別人，從這一點看，也許是好事也說不定。」

久坂部坦承隨順自然的哲學觀受父親、曾祖父與自己成長的經歷影響不小。他的父親和曾祖父都是醫生。父親個性豁達，我行我素。患有嚴重的糖尿病但喝咖啡一定放三匙糖，還是個大煙槍。八十五歲那年，被檢查出罹患前列腺癌後，老父竟歡天喜地地說：「太好了，不用活太久啦！」而且當下決定不做檢查、放棄任何治療。體力日漸衰弱卻喃喃自語：「順利啊，順利！」結果在八十七歲那年如願地在自宅安詳地往生。

出身醫師世家的久坂部羊，作家之路曲折坎坷。三十三歲以外交部醫務官身分赴沙烏地阿拉伯、澳洲、巴布亞新幾內亞和中歐等地行醫九年之前，他是醫院的外科兼

2 尊嚴死不同於安樂死。尊嚴死大致是罹病後患者本身決定中止無效醫療或自然地死亡，在精神上較接近台灣的「病人自主權利法案」（二〇一九）的立法精神；安樂死則是借助他人之手結束自己的生命。

麻醉科醫生。返國後，曾在診所擔任居家訪問醫生。立志寫小說是在十七歲那年，但遭父親堅決反對。這個願望直到三十一年以後、在四十八歲那年才得以實現。而且因爲寫小說賺不了錢，爲了養育兒女只好兼差。一週看診一天、三天在大學教書。書稿是在研究室裡推敲、修改的。

聊著聊著，不知不覺地，大阪街頭已華燈初上，接近一天的尾聲。久坂部當天由夫人陪同出席。和兩位賢伉儷在料理店暢談數小時。榻榻米房間裡的燈光典雅柔和，醫生替自己點了日本清酒（sake）。清澄如水的日本酒盛在方型檜木盒內，在木盒的一角撒上一點鹽。盛在木盒裡的清酒混著檜木香味，搭配白鹽提味，酒香四溢。「喝吧！」舉盒勸酒後意猶未盡，他獨自啜飲了起來。暈黃燈光下，六十七歲醫生作家兩頰微酡，稀疏毛髮下的額頭發出油光。

老人國的憂鬱

隨著時代變遷，日本的家庭結構發生改變，「一個人」獨居的高齡者增加了。獨居高齡者的增加是社會型態改變了家庭結構，整體影響所致。由此，台灣也開始發生的孤獨死是獨居的後遺症之一。一個人的老後、單身照護、老老照護、失智症者照護、偏鄉老人無人送終等，都可說是老人國的憂鬱。

對日本而言，少子．高齡化之下，儘管有許多一馬當先的因應對策，但不可置疑地，太陽的背後陰影總如影隨形。誠如原《讀賣新聞》資深記者丸山勝所言：「超高齡社會的問題非常複雜。大部分人的眼光都著重在財政、醫療等層面，但是，我認爲社會階級這個層面也需顧及。」

丸山勝是日本共產黨黨員，很自然地關注社會階級造成的問題。和所有資本主義國家面臨的難題一樣，日本的貧富差距也逐漸擴大。根據二〇一八年厚生勞動省調查，在貧困階層中增加最快的是高齡者和單親家庭，尤其母子單親家庭的貧困比例很高。在高齡者階層中，一個月收入不及十萬日圓（國民平均所得一個月約三十五萬日圓）的單身者佔三十七．八％，沒有儲蓄的單身者三十五．六％，可以說約三成單身高齡者有生活上的壓力。

不僅如此，從照護面來看，高齡失智症者增加與照護人手不足也已浮出檯面。根據二〇二〇年日本經濟產業省（簡稱經產省）關東經濟產業局發表的資料，日本需照護者二百四十七萬人，照護員僅二百一十五萬人，少了三十二萬人。到了二〇三五年，需照護者二百九十五萬人，照護員僅二百二十七萬人，短少六十八萬人。

而由此衍生的社會問題包括一個人的老後、單身照護、老老照護、失智症者照護、偏鄉老人無人送終等，都是老人國的憂鬱。

一個人的老後

隨著時代變遷，日本的家庭結構發生改變，「一個人」獨居的高齡者增加了。獨居高齡者的增加是因爲社會型態帶來家庭結構改變所致。相對地，連台灣也開始發生的孤獨死是獨居的後遺症之一。根據日本國土交通省統計，二〇〇三年六十五歲以上高齡者孤獨死有一千四百多人，二〇一八年三千八百多人，十五年來攀升二．六倍。二〇一五年以後，每年約三千人以上。

根據二〇二一年高齡社會白皮書資料顯示，二〇一九年，與全部家庭（五千一百多萬）相比，有六十五歲以上者的家庭約佔了一半，合計有兩千五百多萬個家庭，比例是四十九．四%。回溯一九八〇年，在家庭結構中，三代同堂的比例最高，約佔了一半，但是到了二〇一九年，僅夫婦兩人的家庭最多，約佔三成，和一人獨居的家庭合計有六成。換言之，六十五歲以上獨居者增加了。在六十五歲以上的獨居者中，男女都有增加的傾向。一九八〇年，男性約十九萬人、女性約六十九萬人，在六十五歲以上人口中所佔比例，男性四．三%、女性十一．二%，到了二〇〇九年，男性約一百九十二萬人、女性約四百萬人，六十五歲以上的人口佔比，男性十三．三％、女性二十一．一％。

除了獨居的高齡者，有家眷的高齡者近三十五年來也成長快速，現有六百多萬家庭，成長的倍數是五．九倍。獨居高齡者成長六．七倍，有五百多萬個家庭。未來，不結婚、沒有孩子的一個人將繼續增加，加上性別取向與性別認同多元化的時代風潮，不同型態的家庭結構已開始出現。

上野千鶴子：主權在我的女性觀

「一個人」的風潮及於過去、現在與未來，影響了高齡世代以致年輕世代。以「一個人」爲書名連續寫了三本書《一個人的老後》（《おひとりさまの老後》）、《一個人的老後男人版》（《男おひとりさま道》）、《一個人的臨終》（《おひとりさまの最期》）。「人生到後來，就是一個人。」上野千鶴子說道。一個人的系列在日本造成話題，成了流行語，還紅到韓國和台灣來。

上野今年七十四歲，曾於二〇一八年二月赴台，參加台北國際書展的座談會，主題就是《一個人的臨終》。當時台下坐得滿滿的，每一個人凝神聆聽。會後讀者的發言十分踴躍。每當有人提問，上野會俐落地走向講壇前，然後微微向前屈身傾聽。個頭小，能量大，是她給人的第一個印象。

後來，在東京三鷹的寓所訪問到她。公寓的樓層很高，她住在高層。一進門，迎面而來的是一大片玻璃窗，光線充足。她說，天晴的時候，富士山一覽無遺。

「不管你的力量曾有多麼地強大，每個人都會老，身心會發生障礙。失智了、需

上野千鶴子（上圖右）曾於二〇一八年二月來台參加台北國際書展座談會，聽眾反應十分踴躍。

在三鷹上野的寓所，天晴時可以眺望到富士山。

要人家照護了，這都是不可避免的事。但是，沒有關係。重要的是，國家要營造讓每個國民從生到死都能感到安心的社會。」上野習慣從 How To 思考。

當天她戴著搭配紅髮的紅色耳環，紅白大朵花點綴在黑色衣上。一開始，我們兩人隔桌面對面，閒聊一會兒後，她起身加茶水、取點心，然後很自然地在我旁邊坐下，準備進入正式談話了。

上野千鶴子早期關注女性平權，開始涉獵老年議題是二十多年前，動機是「自己也開始有年紀了。」

日本媒體稱她女權鬥士。一九九三年赴東京大學社會系任教以前，她曾在京都幾所大學教書。二〇一一年以名譽教授的職稱從東大退休。隨後以研究者身分積極地參加社會改革運動，透過行動與論述，對日本的政治和社會提出批判與建言迄今。

一九八〇年代，日本制定「男女雇用機會均等法」，遭上野指摘該法不夠完整；在國內組織「關心慰安婦聯盟」，並在香港藝人陳美齡（當時定居日本）攜子上班的論爭中，挺身爲陳美齡說話，主張職場應更開放。一九九〇年代，參加歷史教科書改革運動；公開反對日本社會歧視身心障礙者；極力呼籲女性起身對抗沒有酬勞的家事勞動；撰寫《家父長制與資本制度——馬克思主義女權主義的地平線》（暫譯。《家父長制と資本制——マルクス主義フェミニズムの地平》）、《裙底下的劇場——人

爲什麼要穿內褲》（《スカートの下の劇場──ひとはどうしてパンティにこだわるのか》）等。也有人說她是馬克思女權主義者。特別是當她完成《家父長制與資本制度》這本書以後，「感覺像完成了對母親的報復。」上野笑著說道。

與父母之間的感情葛藤，導致上野「主權在我」的意識愈堅定。富山縣是她的故鄉，父親是內科醫生，一個標準的舊時代大男人，唯我獨尊。母親則像當年許多婦女一樣屈從於父親的權威，軟弱認命，壓抑自我，安於做一個影子度過了一生。「我不想成爲像母親那樣的女人，所以選擇了不同的路。」

關心女性意識的萌芽與成長經驗有關。上野在二〇〇九年成立NPO組織「WAN」（Women's Action Network），將關注的政治、社會議題PO在網路上，教育被視爲網路弱勢的女性們積極地與世界連結。WAN的會員以女性居多，全都是義工。爲了讓WAN能夠存續，她親自出面募款，把扮成米老鼠的修圖照流傳到全球。

行事直率、措辭辛辣，在二〇一九年四月東京大學開學典禮上的演講也不改本色。在以「等待你們的是不公的社會」爲題的演講中，公開揭發八十一所醫學院醫學系的男生錄取比例比女生多出一．二倍。二〇二〇年五月，在某高中致開學賀詞時也直言不諱：「難容異己的日本學校文化，和軍隊文化沒有兩樣。」演講中，她鼓勵年輕人面對未來不確定的年代，務必要培養斜槓能力、自主思考，以及學習的精神。

上野本身熱愛學習不言可諭。例如透過台北書展會場的經驗，對於台灣人關心高齡問題表現出高度的好奇。而當她自己有不知道的事時，會仔細地詢問並做筆記。另一方面，當她察覺有哪些事是對方該知道的，會寫在紙上以文字或圖示加以說明。思路靈敏、口條清楚，很像老師在講課。

「有人說，妳好與男權社會對敵？」我提問。「我不好戰，也不愛吵架。我只是不斷地提醒男人的弱點，如此而已。」四兩撥千斤，巧妙地撕開日本社會替她貼上的「恰北北」標籤。

為了募款，上野千鶴子曾打扮成米老鼠賀年。

路只走了一半

唯有日本的照護保險制度，是少數沒有被她抨擊的議題。而且她非常耐心地對著我這個外國訪客，說明以使用者付費爲前提的照護費用的細節。

在一個半小時訪談裡，針對照護保險實施後的養老機構、居家照護或照護品質等問題，她如數家珍地說明，評價也很正面，並以關心女性權益的角度點出，照護保險對日本婦女是一種救贖。她表示，和擁有廉價移民勞動者的歐美社會背景相比，日本婦女的選項太少。「在日本，照顧老人和養育幼兒的重任大多由婦女扛起。她們忍氣吞聲地做這些沒有酬勞的勞動，已經很久了。」

長照的議題對她的學術生涯而言是一個新領域。但是精進的精神激發她耐煩地投入，堅決地另起爐灶。「研究者的生產力通常在五十歲以後開始走下坡，大部分的人會一再地重複曾經做過的研究。我不想變成那樣。」一九九九年，她展開田野調查，足跡走遍全國，同時滿足了強烈的求知慾。長達五百頁的《照護的社會學》是成果，不僅讓她在二〇一三年取得社會學論文博士學位（在日本，論文博士比學位博士更難取得），也重啟了人生新頁。

「照護保險實施後，連帶地也提升了相關機構的營運，這使得環境和服務品質也跟著改善。」上野千鶴子參訪過的照護機構不計其數，其中她特別推薦「千年村矢曾根」（愛知縣），對這家收容重度老人，備有「靈安室」的安養院印象深刻。靈安室用來安置老人的遺體。

以「社區照護支援中心」爲名，日本的照護服務分機構服務和居家服務兩種。針對能自立生活的老人，公家機構中有廉價老人院；需照護的老人，則有特別養護老人院（特養）、照護老人保健機構（老健）、照護療養病床、照護醫療院等。千年村屬於特別養護老人院，專收容含失智在內的重症老人。

千年村的靈安室打破了將死亡與日常隔開的傳統。在機構中設置安放遺體的空間，則爲了方便靈車進出，車道必須寬敞、照護體系也更人性化。靈安室的存在也表現了一種承諾與決心：「這裡是您最後的家。我們陪您走完最後一段路。」

在高齡照護這個議題中，上野千鶴子實地訪談養老機構，在現場了解照護的問題、在宅臨終的實況、照護保險面臨的瓶頸，陸續完成了幾本給一般讀者閱讀的書，像《上野先生、勝手にしなれちゃ困ります。僕らの介護不安に答えてください》（暫譯。《上野老師，您不能說死就死，請回答我們對照護責任的不安》，二〇一一）、《上野千鶴子請教小笠原老師：一個人能在家臨終嗎？》（暫譯。《上野千鶴子が聞く：小笠原先生ひとりで家で死ねますか》，二〇一八）、《照護保險，危險！》（暫譯。《介護保険が危ない》，二〇二〇）、《奉勸一個人在宅臨終》（《在宅ひとり死のススメ》，二〇二〇）等。

「無論是日本社會或個人，路都只走了一半。」上野千鶴子謙遜地表示。只不過，對身後事，她似乎已調適妥當：與朋友共老，在家臨終，一個人。

松浦晉也：阿母，請您要保重！

在單身照護（單身者照顧父母）方面，由兒子照護年長父母的例子，作家松浦晉也雖非始作俑者，但因爲他以身爲兒子的男性視點，陳述了與母親的失智症搏鬥兩年零六個月的經緯並出書，不僅獲得「男性照護先鋒」之名，也引起社會的熱烈討論。

失智是老化的後遺症之一。如前所述，日本高齡失智症者，六十五歲以上，在二〇二五年估計，五人中就有一人。包括失智症老人增加在內，高齡化變本加厲導致長照費用支出直線上升，也迫使日本政府在二〇一五年對長照內容做了大幅度修正。釐出的大方向是，儘量壓低公家支出、提高使用者費用、降低入住機構比例、以家庭照護爲優先。而在地終老、在宅臨終等的用力推展都與之相關。

松浦把親身遭遇公諸於世，單身男性照護父母的「黑洞」問題，開始受到矚目。長照中，「黑洞」這個語彙，首度出現在平山亮的作品《我是兒子我來照顧：二十八位兒子照顧者的眞實案例》（《迫りくる「息子介護」の時代二十八人の現場から》，二〇一四）。「相較於女性，男性照護者大多不願意主動地談論，不向人求助也拒絕別人介入。所以這個問題就像個黑洞。」作者寫道。平山亮是東京都健康長壽醫療中心研究所研究員。

男性照護黑洞

以照護者而言，日本厚生勞動省在二〇一九年所公布的「國民生活基礎調查」資料顯示，在與父母同住的照護者當中，女性佔六十五．〇%、男性三十五．〇%。身分方面則分別是配偶二十三．八%、兒女二〇．七%、兒女的配偶七．五%。在日夜照顧者項目中，根據二〇一六年調查，兒子原占十．五%，到了二〇一九年升至十一．八%。

至於為何由兒子照護的案例增加，其中兩大理由是少子化（兄弟姊妹減少）和晚婚或不婚，以及就業狀況不穩（經濟）。根據日本內閣府二〇二〇年「少子化對策白皮書」所公布，五十歲未婚的男性占二十三．四%，女性十四．一%。另外，從經濟的角度來看，日本非正式雇用的勞動者近年直線增加。二〇一九年約兩千萬人，占全體勞工四成，其中有不少是中年男性。在經濟條件不佳的情況下，兒子們自立不易，要離開父母也難。

另一方面，在因照護雙親而發生的施虐問題中，加害者也大多是兒子。《照護的兒子們》（暫譯。《介護する息子たち》，二〇一七）是平山亮的另一本著作。他在書中透露，根據日本厚生勞動省所做「二〇一四年防止高齡者遭虐待調查結果」顯示，加害者中兒子和丈夫分居第一和第二名，兒子四十・三%、丈夫十九・六%、女兒十七・一%。

松浦晉也曾因照護壓力爆表，精神瀕臨崩潰而對母親暴力相向。

六十歲的松浦晉也是作家，擅長報導太空科技新聞。主要著作《飛吧！隼鳥號小行星探查機60億公里奇蹟大冒險》（暫譯。《飛べ！「はやぶさ」小惑星探查機60億キロ奇跡の大冒険》，二〇一一），描寫太空探測器「隼鳥」的故事。隼鳥爲採集小行星樣本，在宇宙旅行七年，穿越六十億公里後返回地球。當時，他已寫了幾本科技書，在推特擁有數萬名粉絲，日本維基上也找得到他的相關資訊。畢業於慶應大學理工學院研究所的松浦是菁英份子，進入日本經濟新聞集團的日經ＢＰ出版社擔任科技記者，負責報導宇宙開發新聞四年。隨後經歷機械工業、電腦、通訊・廣播等路線，二〇〇〇年成爲獨立記者。

松浦晉也《媽媽，對不起！
獨身中年大叔的照護奮鬥記》。

然而，後來讓他聲名大噪的不是科技類的書，而是登上照護福祉學類排行榜的《媽媽，對不起！獨身中年大叔的照護奮鬥記》（《母さん、ごめん！50代独身男の介護奮闘記》，二〇一七）。起因是他的現實生活發生了重大的變化。

二〇一五年二月，松浦在被告知母親罹患阿茲海默症後，爲延後專欄的截稿日期，他只好向編輯部說明。「那你就寫照護母親的事吧。」編輯如此建議。

後來才知道，職場的問題不難應付，是現實生活中母親的失智，讓松浦的生活從fiction轉化爲non-fiction。「對我來說，照護母親＝是跟壓力抗戰。」松浦聲音低啞地說道。他未婚，是三兄弟中的長男。父親二〇〇四年罹癌去世後，家裡剩他與母親同住，弟弟自立離家，妹妹遠嫁德國。

從來的生活重心是工作，松浦完全不了解母親的身體狀況和症狀，「照護」這兩個字與他無緣。

直到母親的行爲舉止開始變得怪異，講話內容語無倫次、胡亂花錢郵購電視購物頻道裡的商品、帳戶的存款顯著減少、家裡變得骯髒雜亂後，他才知道原來母親罹患失智症，而且程度達到「需照護一級」（日本將失智程度分成需支援一・二級，以及需照護一至五級），這表示母親無論是排泄和入浴都需要他人協助。

母親畢業於日本女子大學英文系，年輕時曾在三菱電機工作過，還把世界文學全集帶到公司趁空閱讀。……但是隨著生心理逐漸退化，意興風發的面容已遍尋不獲，時值「老老」階段的母親變得像一個陌生人。生活在同一個屋簷下，看在眼裡的松浦，整顆心如墜暗黑世界，與母親之間的齟齬與衝突也逐日升高。

不害怕向外求援

有一天，他身心俱疲回到家裡，一眼觸及廚房裡撒滿了一地的冷凍食品，而母親在旁喋喋不休地埋怨。無法按捺住怒火的他，情不自禁地重重地掌摑了母親一巴掌。「居然敢打你媽，你這個不肖子！」錯愕的母親緊握雙拳撲向松浦，母子倆糾成一團。

就在那晚，知識人松浦晉也徹底崩潰了，懊悔與無力感如浪濤般吞噬了他。母親睡床腳下的尿漬、地毯上糞便的氣味，不斷交替地重複出現在夢裡。順風滿帆的 fiction 人生遠颺，置身於看不到彼岸的 non-fiction 現實，而且當察覺到讓自己在現實中初嚐敗仗的根源是因爲對失智症無知，他禁不住淚流滿面。

回想照護的過程，很艱辛。

和許多日本男性一樣，松浦不習慣向他人求援。唯一能吐露心事的是遠在德國的妹妹。在每週固定的視訊中，有一次，妹妹終於忍不住了：「哥，你不需要一個人承擔。想解決問題就要試著對外求援。」松浦接受了建議。放下身段轉向專業機構求助後，獲得了轉機。二〇一七年一月，在獨力照顧母親兩年後，終於辦妥手續，將母親託付給特別養護老人院。不輕易向人求助是日本社會的潛規則。「還有比你更需要幫助的人」的這種認知是障蔽，拔除不易。

循序漸進地，松浦先上網找到社區照護支援中心，然後洽商照護支援專員和主治醫生評估母親的狀況後取得證明，接著將證明交給戶籍地神奈川縣茅崎市公所審查，通過後獲得補助金和協助。從接受長照服務開始，不曾存在松浦世界的照護支援專員、居家照護員等，頻繁地進出他家提供各種協助，最後症狀加重的母親得以入住公家照護機構。

經歷過這番體驗，松浦晉也變了。步入「青老」之年的他，在此之前從不重視人際關係、不擅談論工作以外的話題。但是現在他不僅樂意接觸不同的人，勇於敞開胸懷，也苦口婆心地鼓勵別人向外求援。具體的做法是常接受巡迴座談和演講，與他人分享心路歷程。

松浦透露，前來的聽眾男女參半，會後也有不少男性來致意。「不過，他們的自覺性還是不夠。大多數的男性只想傾訴照護的辛苦或內心的共鳴，對照護問題的認知仍停留在表層。」

反觀自己，快樂增加了。其中一個是他更能體恤照護員的辛勞。「這些基層的照護員要上完一百三十小時的課程才能取得執照，專業又任勞任怨。所以，不管他們說什麼我都照做，而且常跟他們說謝謝。」說到這裡，顯得有點緊繃的松浦，難得地露出了笑容。

搬進特別養護老人院的母親，儘管離開待了四十一年的家和養了十五年的狗，失智的級數也從日常生活需要人照顧的四級升到五級，無法自由地表達自己的意思，「但是，母親的表情變柔和了。這和熟悉環境、有人推輪椅陪她散步，聽得到附近幼稚園小朋友的嬉鬧聲都有關係吧。」松浦的內心感到篤定，他知道這個決定是對的。

男性照護先鋒松浦晉也。

至少現在他又可以騎上腳踏車或重型機車遊湖了。他居住的茅崎市南湖有著美麗的海岸線景觀，是日本的夏威夷。面向太平洋、遠眺富士山，夏天高溫、冬天暖和，還有十四世紀的歷史古都鎌倉做它的芳鄰，是有名的觀光勝地。

見面那天，他就是一路騎著腳踏車過來的。松浦的個兒短小精悍、聲量不大、鏡片後的眼睛習慣低垂著，尷尬的時候會搔搔頭。然而，這個理工男顯然是一個愛鄉者，當推薦起餐廳特產魩仔魚時，眼神溢滿著笑意：「生鮮魩仔魚的魚身透明、眼睛晶亮，不管生吃、川燙或炸成甜不辣都合宜。」因爲照護，從科技到人文，松浦的直線人生轉了一個大彎。「吃吧！」他力勸我動筷子，暗示我別再問了，不如閉嘴享受當下的美食吧。

年輕失智症者丹野智文

相對於松浦晉也的母親是高齡失智，在日本，早發型失智症（年輕化）也有增加的傾向。根據國立研發法人日本醫療研究開發機構（AMED，Japan Agency for Medical Research and Development）於二〇一七年度至二〇一九年度實施的「年輕化失智症者調查」，以十八歲至六十四歲者爲主，十萬人中有五十．九人發病，人數估計有三．五七萬人。另透過國際失智症協會調查，三十歲至六十四歲的發生率爲千分之一。

日本早發型失智症者中最有代表性

二〇二〇年東京奧運會上，丹野智文微笑地高舉聖火參加長跑。（丹野智文提供）

的是現年四十八歲的丹野智文。丹野在三十九歲那年被診斷爲年輕化阿茲海默型失智症。丹野原是宮城縣「Netz Toyota」仙台的王牌汽車銷售員，在進口汽車銷售部門負責銷售大衆汽車，工作順利，家庭美滿，有兩個女兒。

所幸丹野沒有因疾患而喪志，反而挺胸接受事實並進取地採取行動，把自己打造成親善大使，積極地配合公益團體主辦活動、著述、演講，還代表日本赴歐美參加活動，也來過台灣，國際的名聲響亮。二〇二二年十二月八日於台北舉行的「國際失智症協會亞太區域會議暨國際研討會」，丹野智文爲研討會主持人之一。

丹野履台最後一天，筆者有幸與他見面。其親切健談，聲音響亮，神情愉悅地

在台北大稻埕品嚐烏龍茶。丹野智文秀出右手的橘色手環，是關心失智症者的標誌飾品。

表示：「每次演講後，只要多一個失智症朋友開始微笑，我就很滿足了。」他並透露：透過妻子的視點，編撰製作成電影《橘色的燈》（暫譯。《オレンジ・ランプ》），將於明年六月在日本上映。宣傳文案是「與失智症共生的人們——希望與重生的故事」。丹野持續地工作，原公司委派他擔任親善大使，贊助他赴國內外發表演講。「近三年來，不用打卡，脫離枯燥的事務性工作，薪水照領，我過得很開心。」隨即他又正色地表示：「不過，還是不能打混呦。我每天認眞地記錄行程，每隔一個半月得回公司報告。回日本後，準備要跟總經理約見面時間了。」

《微笑地活著，與失智症共生》（暫譯。《笑顏で生きる——認知症とともに》，二〇一七）是他的傳記。他在書中提及在二〇〇一年確定罹患失智症後，原來的公司沒有解聘他，後來更在家人、朋友、醫生和相關組織的協助下，不僅維持著日常生活的運作，症狀也獲得緩解。

在書的前言中，丹野還特別提及失智症的類型不同，有阿茲海默型失智症、腦血管性失智症、路易氏體失智症、額顳葉失智症等，其症狀不宜一概而論。像有人喪失記憶、有人不會；有人產生視覺幻覺，有人則說話困難……，加上每個人的想法、感受各有差異，所表現出來的言行舉止也不一樣。因此，他特別希望讀者能了解差異，捨棄對失智症的刻板印象和成見，並強調：「這本書寫的是我個人的心聲和症狀。」

異變

覺得身體發生變異

丹野智文

我在二十二歲那年加入 Netz 豐田仙台，二十五歲時轉到進口車部門，負責大眾汽車的銷售。

當我提到在豐田銷售福斯汽車時，有些人會露出不可思議的表情。但直到二〇一〇年十二月為止，豐田與德國福斯汽車公司締結銷售合作關係後，福斯汽車一直都透過宮城縣的 Netz 這個據點銷售。豐田雖然有 Vitz 這種廉價汽車，而福斯汽車因單價高賣出的數量不多，不過若不以數量論而以銷售額來說，我想我應該是公司的銷售冠軍。

大約從二〇〇九年開始，就開始覺得自己的記憶不如其他人好。那時是我工作順利，很有成就感的時期。

情況是這樣的。當我在赴公司途中，會突然想起被遺忘的許多工作。為了強化記憶，我開始在筆記本上做筆記，隔天到辦公室後再抄到便條紙上，然後貼在電腦的周邊。而我的同事們也都有在便條紙上記錄事情的習慣。不久後我發現，自己的便條紙數量比其他人多出許多。

由於便貼紙條容易剝落，為提升工作效率，後來就不再用便條紙，改用筆記本。那時也只紀錄一些可能會忘記的事。而第一次強烈感受到自己的記憶力出問題，是那年年底送月曆給客戶的時候。

在走進客戶的公寓以前，我在車裡確認了他的房間號碼。但是走進玄關後立刻忘了號碼，以至於必須重返車裡重新確認。這種情況發生了好幾次。

有一次，和一位客戶通了電話，在放下話筒的同時竟然忘了洽談的內容。還有，當我和客戶通話時，自以為已正確地記住而且理解他們的意思，但當我要把他們的需求轉知其他同事時，內容卻全部忘記了。

起初，我不太在意，但後來當自己察覺開始遺忘對客戶說的話或上司交代的事情以後，才知道事態嚴重。

而且我常忘記重要客戶的名字。所以當上司問起購車客戶的名字時，我無法立刻回答，能做的只是匆忙地取出訂貨單後瞄一眼後再回覆。「你在搞什麼鬼呀！」上司提高音量表示不滿。

認不出顧客的臉

三年後，二〇一二年，我不僅開始逐漸地忘記客戶的名字，連臉孔都記不住，而且經常認錯人。

更困擾的是愈來愈難記住新推出的汽車特色，這讓我原來很喜歡的銷售變成惡夢。

以前，如果我在筆記本寫上「山田TEL」，立刻知道是哪位山田，以及要聯繫的內容。後來，即使看到「山田TEL」，也忘記是哪個山田，打電話給他是為了何事。

因為這樣，我學會儘量詳細地記下要點，例如「泉區的山田來電詢問更換輪胎事宜」等。完成後會在方框中打個勾，表示這個項目完成了。

筆記本的數量增加、版型也逐漸加大，筆記本的版型從A5變成B5，後來用的是A4版型，一天一頁地寫得滿滿的，但那時依然沒覺知到自己的異狀，現在回頭看這些筆記本後發現，其實我的記憶力逐年下降，所以筆記的內容愈來愈密密麻麻。

我隨身攜帶筆記本，擔心費心之作不見了會有麻煩。在與客戶交談時，我邊做紀錄邊談，所以他們一定以為我很認真吧。當時的店長雖然察覺我的舉止有點可疑，但也沒想到我是病了。後來他告訴我：「只記得當時你很依賴筆記本」。

然而隨筆記本的數量增加，另一種能力變得很重要。那就是必須很快地找到在哪一本筆記裡寫了什麼。找不到的話，就算作了紀錄也沒什麼意義。而我也儘量地把筆記做得好讀。

不過，其他的問題又出現了。有時就算我記下「山田來店參觀」，卻無法把山田的名字和臉連結起來。換句話說，山田這個人的資訊根本沒有輸入我的腦海。所以當山田這個人來到店裡，我也只能邊打招呼邊想：「有沒有弄錯呀，是這個人嗎？」

然後第二天，立刻忘記我們談了些什麼。因為這樣，後來我就試著先和客戶寒暄，當對方說出「昨天的馬球」以後，我的腦海立刻輸進「喔，之前談論過馬球」這則資訊。當談論的主題出現後，我馬上隨口問道：「成績如何呀？」最後，當客戶用手指著目錄說道：「這一輛好像不錯。」我知道生意搞定了。

這時，我不會提問「決定選紅色款式嗎？」這種具體的內容，然後裝成什麼都知道了的樣子試探：「您決定選哪一種顏色？白色也不錯呢。」「嗯。昨天談到的藍色比較好。」客戶終於說出具體的需求了。

有一次，有輛汽車開進停車場，「客人來了，你去招呼一下。」我請另一個同事接待。同事轉回後，一臉狐疑地說道：「是你的客戶唷。」

看起來是個素未謀面的客人，未料是衝著我來的。這時我也只好佯裝認識對方，然後拼命地邊找記憶的線索邊交談，直到最後，我還是不確定是否真的見過。這讓我很煩惱。

接電話也是。「泉區的山田打電話來了。」同事喊道。但我毫無頭緒，只好對著接電話的同事再問一次名字，一邊迅速翻查筆記本裡的名字，然後在腦裡進行匹配：「喔，原來是這個人。」覺得自己每一天都走在鋼索上。

每天都被主管警告

健忘導致在工作中犯錯的比例愈來愈高，上司的警告也愈來愈嚴厲。畢竟後來我把客戶的約會都忘了……。

從外面回到公司後，「有客戶在等你喔。」同事如此告知。然而，展示廳裡哪一位是客戶，我根本無法分辨。站在我背後的同事們警覺地觀察著，我認錯人了以後，他們立刻向主管報告。「你在做什麼呀？」於是我又被警告了。

每到這時我就找藉口：「這兩個人長得太像了。」

「要好好地記住呀。」上司經常耳提面命。「那邊有你的客人，去打招呼吧。」櫃台的同事也會提示。但因為不知道哪一個才是，於是反問道「在哪裡？」「什麼？

你連自己的客人都認不出來嗎？」

在這種情況下碰到客戶，內心真的一點概念都沒有，又不能說忘了名字，所以只好拜託同事把紀錄客戶詳細的表單拿過來對照著看。我瞄了記錄一眼，確認哪一位叫「山田」以後才喊出「山田！」，這時對方會轉過身來。總之，我用盡各種方法掩飾自己的失憶。

最為難的是，上司對著我詢問客戶的各種情況，而我卻腦中一片空白。事態急迫而回應不及會惹他生氣，所以就胡亂找藉口或用謊言掩飾。

週末是賣汽車的好日子。每到週五的晚上，店長一定會問：「明天有哪位客戶會來面談？」儘管內心知道有人要來買車，但我叫不出名字、長相也不確定，所以就本能地回答：「A吧。」用模稜兩可的回答混過去。

第二天客戶來了以後，我根本記不得他是誰，而且之前的名字也是胡謅的，根本不是我向店長報告的那個人。儘管如此，車子還是賣出去了。隨後必須向店長報告，這時我又陷入苦惱，因為售出的對象根本是完全不一樣的人。

「嗯，A的家人被告知要一輛車，這人就是了。」

這當然都是謊言。但幸好車子賣掉了，所以店長也相信了：「哦，原來如此。」

車子如果沒賣掉，事情就不會那麼簡單地解決了。事後回想，覺得自己做了很惡劣的事。

總之狀況頻傳，所幸沒釀成什麼大禍。例如我把客戶要求為新車安裝零件的事忘到九霄雲外，直到交付汽車前才發現。這時我會說：「零件的交貨期延後了。先交車，隨後再安排安裝零件。」客人也相信了。

之所以沒和客戶發生糾紛，主因為我是銷售冠軍，在某種程度上可以自主處理一些事情，不需向店長報告細節。但是更多時候，即使我犯錯了，客戶也多半都能接受我的道歉。「那也沒辦法。沒關係，誰叫你是丹野先生呢。」客戶說完也就原諒了。因為和客戶之間建立了信賴的關係，所以才能避免糾紛。

連同事的名字都忘了

店長幾次提醒我：「請把客戶的特徵記下來。」

問題是即使紀錄各種特徵，例如有鬍子、戴眼鏡、長頭髮……，到最後，依然無法將紀錄和客戶本尊連結起來。上司對如何克服健忘的理解，與我所認知的完全不同。

一般人只要紀錄別人的一個特徵，通常對記憶就有幫助，這也是為何店長要我標記的原因。只不過，我的記憶盒子是空的，所以即使寫了「眼鏡」做提示也沒用。

而且當我們這種人試圖強迫自己記住的時候，反而會將記憶預設成另一個完全不同的人。就像我常把山田叫成井上。

這就像勉強把形狀相似的拼圖碎片拼在一起那樣，自以為成功了，但事實上，根本就是錯把自己認知的某些事物勉強湊在一起而已，才會把另一個人當做是那個人。這真的有點不對勁⋯⋯。

二〇一二年十二月，我第一次赴醫院做檢查。那時正值我不停地遭到上司警告，也開始討厭自己的工作。但由於我喜歡跟客戶講話，尤其為了避免跟上司接觸，還故意花很多時間和客戶聊天。當然，末了我也只記得約十分之一的內容。

我開始對自己的工作能力感到不安。有一天我突然記不得同事的名字，根本無法和他們交談。

例如雖然很輕易地認出技術師來，因為他們的穿著和我們不同，但是當我想請他維修時，卻怎麼都想不起他的名字來。而且如果僅只忘了其中一人的名字，還可以詢問其他技術師，可是所有人的名字全忘了，腦裡和眼前一片空白，完全不知道自己究竟發生了什麼事。

我的內心萬分著急，但沒有告訴任何人，悄悄地先回到自己的辦公室，查看一下組織圖、核對名字，然後再去找目標人物搭話。這真是一個巨大的衝擊。

壓力之故？

「最近有些事很不對勁。為什麼會忘東忘西呢？好奇怪。」內心暗想。但從來沒和任何人談論過。「失智症」這個語彙不曾在我腦裡浮現過。

讀小學時，曾因為我不能順利地發出「Rya、Ryu、Ryo」的音，雖然不是語言障礙但我仍參加了語言班。正因為如此，我一直覺得自己的記憶力不如別人、能力較差，所以都用記筆記彌補。當時不覺得這是疾患，還以為自己過早失憶是壓力造成的。

我們的公司很忙，客戶數很多，我自己手上就有四百名客戶。春天還好，但從十一月底到十二月初下雪前那段時期，會有很多客戶急著來換輪胎，所以都為他們預留防滑輪胎。那種時候，即使我排休假，手機還是不停地響。相對於其他銷售員的客戶多半打到公司找人，但因為我和客戶的關係不錯，所以他們都直接打我的手機。冬天前，總過得很忙亂。

所以才會一直以為，忙碌的高壓造成我的記憶暫時受損。

也許是為了避免情況變壞，儘管我的身體不自覺地往緩解的方向走，但記憶力衰退是不爭的事實。記憶力變糟了，還能做什麼呢？所以我決定去看醫生。

但一時之間，不知道該看哪一科。上網查了神經科後發現公司附近有一家A神經外科。儘管去看神經科醫生讓我覺得尷尬，但由於明年已設定了銷售目標，而如果想達成就必須改善現狀。

為了不想讓妻子擔心，還猶豫著是否該讓她知道。但保險卡放在她那裡，所以搪塞著告知：「記憶力變差了，得去看個醫生。」妻子有點驚訝，但還是笑著說都是我愛操心。

二〇一二年十二月二十五日，聖誕節的裝飾把整條街妝點得色彩斑斕。那天是國定假日，我決定赴A神經外科醫院看診。自己認為情況沒那麼嚴重，所以上午還跟朋友聊天、吃完午飯後才去醫院。

記得好像做了電腦斷層檢測之類的，但我實際上做了什麼樣檢測根本也記不得。檢查結束時，外面已一片漆黑。

醫生看了檢查報告後說道：

「看不出有什麼特別的異常，只是有點怪怪的。建議你到大醫院再檢查看看。我寫封推薦信給廣南醫院，你再到他們的健忘門診看診。」

廣南醫院（仙台市）是以治療腦神經疾病出名的專門醫院。由於當天上班時間已過無法掛號預約，所以隔天才去。在回家的電車上我發著愣，還搞不清楚發生了什麼事。

既然是壓力造成的，為什麼還要再去大醫院？這不是很奇怪嗎。愈想愈焦躁，心裡還忿忿不平地嘀咕：「真是個庸醫。」

三十九歲的生日

十二月二十六日，因為要去大醫院，所以必須請假。我向上司報告因為記憶力變差要去醫院做檢查，後來是過了新曆年才去的。我特別交代同時是店長的上司，先別讓其他人知道這件事。

因為要過年了，所以開始放假。與妻子相偕回返雙方的老家拜年。我始終沒有透露記憶力退化的事，也沒說要去醫院，而妻子也噤聲不語。

二〇一三年一月八日，和妻子相偕赴廣南醫院的健忘門診。

醫生先用長谷川式簡易認知評估量表進行測試，然後說道：「以你的年齡來看，還是住院接受詳細的檢查比較好。」我心中湧起一陣小小的恐慌，沒想到竟然需要住院。

隨後，我向上司坦承住院的事，也交代同事們不要對外透露我住院的原因。因為健忘住院畢竟是件尷尬的事。而且也不想讓父母、姐姐、哥哥擔心，所以什麼都沒提。

在廣南醫院住了兩個星期。

病房是共用的，同一個病房的患者一周後就出院了。我則每天要做三到四種檢查。醫生說道：「怎麼會健忘？你還這麼年輕，真令人擔心。我們還得排除其他可能的疾病。」

因為經歷了許多檢查，所以根本不記得到底是哪些？讓我感到疼痛的檢查倒還記得，例如強烈的電流通過我全身，還有抽脊髓液的時候也很痛苦。我感受得到注射針使勁地插入身體的感覺，真的很不舒服。

一開始，醫生們談論的是一些在教科書上才看得到的不治之症，像克雅二氏病、帕金森氏症等。「明明只是因為壓力。」我內心不安地蠢動。很想知道為什麼需要做這些檢查。後來轉念一想，只要檢查報告出來就好了，所以心情還算輕鬆。我從沒生病過，住院也是第一次，自認為健康，對檢查的結果也有信心。

三十九歲生日在醫院渡過。護士每天都照例地詢問：「今天是幾月幾日呀？」「今天是我的生日，我不會忘記的。」我回答。因為在醫院裡，所以三十九歲生日沒做任何慶祝的儀式。

後來，前來醫院探視的只有公司的上司和父母親。我和上司聊了工作的事，也在思考要做些什麼。即使人在醫院，腦裡想的還是工作，而且時間多出來了。所以就利用這個機會加強自己的工作技巧，還大量地閱讀了汽車雜誌。

檢查的結果出來了。醫生對著我說道：「你的大腦有明顯的萎縮現象。我懷疑是阿茲海默症。不過你這麼年輕，不太可能。不妨再到大學附屬醫院做進一步的檢查。如何？」

醫生的話語曖昧，根本聽不懂。但因為無從選擇，所以也沒跟任何人商量，只告知妻子：「還是得去大學醫院做檢查。」

隱瞞著家人

不想讓父母擔心煩惱，就沒告訴他倆，只通知了兄姐。所以當爸媽來廣南醫院探視時，我嚇了一跳。後來知道原來一直協助隱瞞著的妻子憋不住，偷偷地找我母親商量的關係。

至於轉到大學附屬醫院一事，我本來只打算讓父母知道。但因為母親在月曆寫了「智文住院」，所以後來兄姐也知道了。

哥哥和姊姊得知我疑似罹患阿茲海默症，感到非常驚訝。但另一方面，他們也準備好接納我了。因為萬一我被汽車公司解雇，他們都有能力雇用我。哥哥經營一家拉麵店，他說一定有能讓我幹的活兒。姐夫是一家公司的人力資源部長，所以姊姊有信心讓我去工作。這些都是我後來知道的，內心對我的家人充滿感激。

哥哥和我並不算親近，也很少見面。但他願意為我著想，這一點讓我很高興。

焦慮到無法停止哭泣

至於公司這邊，除了上司，我沒讓任何人知道我住院的原因。因為我的心理還沒準備好。

當突然被告知可能罹患阿茲海默症的剎那，我的腦筋一片空白。當時對阿茲海默症的印象，僅止於「失去對事物所有的記憶」、「四處遊蕩、臥床不起」……。因此當聽到「疑似阿茲海默症」時，與其說困惑，不如說我根本不理解那句話背後的意思。

被醫生告知後，終於把「我」↓「阿茲海默症」↓「臥床不起」聯想在一起。心想「一切都結束了。」

從廣南醫院出院，要轉到大學附屬醫院做檢查前有幾天空檔。所以我回到公司繼續幹活兒，還跟同事閒聊自己記憶力變差後的各種狀況。同事們聽了，反而安慰道：「我也會這樣。常忘記別人的臉。沒什麼好擔心的，壓力太大的關係吧。」但我心想，如果每個人都跟我一樣，那為什麼他們不用去醫院做檢查？真如他們所說的嗎？愈想愈焦慮。

一開始，不管跟誰談，每個人都異口同聲：「我也一樣。」即使我強調：「根本記得不得每天一起工作的同事名字。」他們回答：「這很平常。」儘管我很清楚自己的失憶和別人的不同，但只要聽到他們說「都是這樣」，反而愈讓我覺得混亂，愈來愈沮喪。

接下來，會怎麼樣呢？內心極度不安。另一方面，我也儘量正向思考，安撫自己：「我這麼健康，不可能是阿茲海默症啦，應該是小病吧。」

我跟上司報告要去大學附屬醫院做進一步地檢查，並且坦承被告知可能罹患阿茲海默症。「如果是阿茲海默症，那可麻煩了。」上司回應。所以，從那一刻起，我的念頭都是「阿茲海默症＝一切都結束了」。

上司接著表示：「在查到真正的原因之前，你一直待在醫院無妨。不過，請把客戶轉介給另一個同事吧。」聽完，我又恐慌了起來。

上司這番話可能出於想讓我放心、忘掉工作，以便在醫院能充分地休養。然而，對一個銷售員來說，交出客戶意味著交出財產，以後即使我能返回原工作崗位，也必須全部重新開始。但我沒有信心從頭開始，所以愈來愈慌亂。

「如果沒辦法做業務，而且連做維修的資格都沒有，是會被解雇的。」我做好被革職的心理準備。

未料峰迴路轉。就在赴大學附屬醫院前一天，社長突然出現在店裡，對著我說道：「仔細地做好每一項檢查吧。別擔心，不管結果怎樣，我都會設法讓你回來工作的。」

這意味著如果檢查的結果還不差，也許還能回到公司履職。然而，儘管社長做出溫暖的鼓勵，後來我還是交出重要的客戶名單，對自己能否重返職場也半信半疑。另一方面，我也暗自做了決定，如果罹患的是阿茲海默症，就不再回頭了。

混亂、焦慮和絕望的情緒交雜在一起，當我單獨一個人的時候，常會焦慮到無法停止哭泣。我抱著兩個女兒（二〇一三年三月），懸念著將來不知會發生什麼事，整個人陷入完全絕望與焦慮的暗黑之中。

（李振延／摘譯自《微笑地活著——與失智症共生》第一章〈異變〉）

老老照護：丸山勝的人生清單

老人照護老人的「老老照護」，至今仍持續地在現實社會中發生。

八十三歲的資深記者丸山勝，儘管自認老當益壯，且兒子們都已自立，但人只要擁有家庭和家人，終究難以獨善其身。在現實生活中，他毅然地扛起照顧兩個老姊姊的責任。近幾年，陸續為八十八歲和七十五歲的姊姊送終。其中七十五歲的姊姊曾與丸山夫妻一起生活了三年，後來罹患輕微失智症後堅決返鄉療養。返回老家長野後不久，姊姊去世了。

丸山勝的老家在長野縣深山裡的農村。人口過疏農村的老人問題比都市嚴重許多。沒有工作機會的農村，幾乎看不到年輕人，生氣全無，冷清沒落。堅持返鄉療養的七十五歲姊姊獨自在鄉下生活，生活無彩，生命力消耗得更快。

根據日本總務省（相當內政部）二〇一八年的報告，日本全國一千七百一十九個市區町村中，有八百一十七個市町村（約五成）人口過疏。一億二千七百多萬的總人口中，過疏地區的人口合計就有一千多萬人，佔了一成。相對於三十七・八萬平方公里的國土面積，則過疏地區面積達二十二．五萬平方公里，約佔了六成。

接下來，丸山要擔心的是小他幾歲的妻子的健康。他透露，妻子感染神經型病毒，目前生活雖能自理，可以做家事，但發作起來全身疼痛，難以隱忍。看在眼裡，丸山已做好心理準備，「也許哪一天，變成是我得照顧她。」丸山淡定地說道。他有三個兒子，都已自立，不想麻煩他們。

「老老照護」（高齡者照顧高齡者）這個未來可能面臨的挑戰，是他人生清單中前所未有的項目。

關心社會底層

排行老么的丸山勝有三個姊姊、兩個哥哥。二哥的身體和頭腦原來狀況很好，但由於二嫂稍微年長，身體先退化，到後來餵食與排泄都需有人協助，二哥只好負起照顧之責，結果自己身心俱疲、心臟病發作，先撒手人寰了。

關於照護，有不少名稱。二哥和二嫂的例子是「男照顧女」（丈夫照顧妻子），而丸山可能體驗的是「老

台灣迷丸山勝的人生清單挑戰落落長，提及「老老照護」他也十分淡定。

老照護」。加上已開始蔓延的「認認照護」（失智症者照顧失智症者。失智症的日語是「認知症」，取第一個「認」字名之）、「多重照護」（夫婦、親子一起照顧需照護者）和「單身照護」等。

「超高齡社會的問題非常複雜。大部分人的眼光都放在財政、醫療等層面，但是我認爲，社會階級這個層面也需顧及。」丸山是日本共產黨，很自然地關心社會底層者的困境。

丸山的老家務農，他幫忙種田直到高中十八歲。髒泥堆裡打滾流淌的臭汗、勞動四肢後酸疼的筋骨、與合作社交涉論斤兩，都讓他眞實地體驗農民生活的底氣，對農村經濟結構性的弱勢有所體悟，形成內在強大的驅動力，後來研讀東亞政治、選擇記者工作、加入共產黨，都和這段成長經驗有關。壯年期，他任職《讀賣新聞》國際部，曾被派駐中國、泰國、非洲等地，中英文程度俱佳，都是自學。

從報社退休後，在日本的目白大學教了十年書。完全退休後，關心社會基層的心意不變，被鄰居推舉爲社區自治會副會長，負責與地方政府聯絡、交涉，古道熱腸地從旁監督道路工程和基本建設的整修、輔導居民在災害發生時如何疏散，餘暇參加合唱練習、在自家庭前種菜。

言說能力強韌

丸山勝是台灣迷。透過著述與翻譯能感知他的社會主義理想不曾衰萎。任職於目白大學時，幾乎每年都來台灣旅行或做短期居留，曾在南台科技大學兼課、勤於寫作。著作有《陳水扁的時代》（原文《陳水扁の時代》，二〇〇〇），將中文譯爲日文的書有《發現台灣》（《台湾の歴史：交渉の三百年》，一九九六）、《蔡英文——從談判桌到總統府》（《蔡英文の台湾——中国と向き合う女性総統》，二〇一六），以及將英文譯爲日文的《台灣棒球的文化史》（暫譯。《台湾野球の文化史》，二〇二二）等。受慈善家陳樹菊的義行感動，正在構思翻譯她的事蹟。

記者本色未變。隨身攜帶筆和筆記本的習慣維持著，遇事隨即低頭做筆記。二〇二〇年一月十日，台灣正值第十五任總統大選前夕，他照例地赴台觀察選情，在凱達格蘭大道站了兩個多小時，親身見證蔡英文的造勢活動。當年八十歲的他，置身擁擠雜沓的人群裡，專注地感受熱氣滾滾的氛圍，探索台灣選民的狂熱之心，「回旅館後腰痛發作，躺到第二天中午才起床。」他笑著說道。

老而不衰的還有好奇心與學習心。和朋友一起帶丸山上茶館喝花草茶，他一見煮茶的水壺造型獨特，立刻伸手轉動茶壺仔細地端詳吟味。來台灣一定逛書店，誠品、金石堂等幾家分店，怎麼去比我還熟。帶給我的土產也常是袖珍版日文小說。

書，也是我們結識的媒介。二十多年前與他結識，主要是他主動地向天下雜誌社自我推薦要翻譯《發現台灣》，而正巧我是那本書的編輯。翻譯期間，每有需要查證的問題，就寫在紙上從日本傳眞過來詢問，整張紙密密麻麻、時間也是早晚不拘，一點也不馬虎。

新冠疫情肆虐，已經三年沒來台灣的丸山，在二〇二二年慣例寄來的春節賀卡中寫道：「八十多歲了，能做的事也變少了。但是和活字、音樂的交流，還有繼續觀察台灣這件事，應該還會再持續一段時間。」很低調地，但沒寫「可能要照顧老妻」。

「年老，失去肉體愉悅反能致力於德性與智性的培育。」這是希臘哲學家西賽羅的名言。

高齡八十餘的丸山勝，好奇心依然旺盛。

新冠肺炎肆虐前，丸山勝幾乎每年都來台灣。

無人送終的離島：沖島

丸山勝所經歷的過疏農村，在高齡少子化的衝擊下，情況益發嚴峻，日本離島也一樣。人口少、孩子少、年齡高、經濟萎縮、醫療資源不足、老人無人送終，是生活困窮高齡者的聚落。

距離滋賀縣近江八幡市搭船僅需十分鐘的沖島，就是有代表性的離島。

浮在日本最大的湖——琵琶湖上，沖島自詡是沒有海的離島，也是日本唯一有人居住的湖中島。二〇一五年被選爲日本文化財。在一．五平方公里的島上，只有兩百五十多個島民，而高齡者壓倒性地衆多，年紀從六十歲到九十歲不等。島民的營生之計是捕魚務農，閒時種菜、栽花、養貓。由於善良的住民們慷慨施捨，吸引了許多野貓聚攏而至。身形優雅的貓咪踮腳徘徊在湖堤上或花圃裡，吸引了許多國內外攝影師前來搶拍，攝影集陸續出版，「貓島」的聲名曾經遠播。後來因爲島上人口銳減，缺人餵養，貓也慢慢地減少了。

沖島是著名的貓島，島上的彩色的漁網有如芭蕾舞裙。

貓島上的看護師

當然，變少的不僅是貓。島上唯一的沖島小學，到二〇一九年止，僅十九名學童入學，幼稚園早就停辦了。「招募兒童中」，島上的傳單露骨地寫著。與世無爭的島尤其受高齡少子化風暴席捲，因爲人少，醫生不足，漁民經常錯過親人臨終的時機。「沒有親人在旁送終是島民共同的煩惱，也是內心最大的痛。」中嶋光代說道。她是島上唯一的看護師，負責島民的健康，執勤場所在「沖島交流中心」。受縣政府囑託，一個月駐島十八天。

中嶋已在島上服務六年多，她進一步說明。原來，醫生一個禮拜才出勤一次，使得島民在臨終前往往等不到醫生，加上幾乎都是夫妻一起出海捕魚，晝伏夜出，很容易地

看護師中嶋光代關心島民的健康。

就錯過與家人好好地說再見的機會。

要怎麼做，才能維持良好的身體狀態，即使臨終前等不到醫生救援也無憾？「想得到的就是儘量做好健康管理。」中嶋負責島民的健康診斷和諮商，她號召大家一起思考善終的良策。

爲了克服困境，島民的健康意識升高，對預防醫療開始有了意識。原來沒有體檢習慣的居民，響應中嶋熱情的號召，「我電話一通一通打。結果，第一年三十個人進門、第二年五十個人、到了第三年變成七十人，現在他們都會主動跑來找我。」中嶋開心地笑著說道：「渡船出發站的旁邊有一輛醫護車，就是替島民做健康檢查用的。」

銀行員也趕來支援

翻轉觀念需要強有力的說服力和行動力，不僅醫護人員，連銀行員也主動出擊，像在農會銀行工作的北裕成、安井美穗，他們就定期地搭船渡湖，然後挨家挨戶地拜訪，爲不良於行的老人們辦理存放款等事宜。「只要島上的老人家有需要，我們就立

搭乘渡船下船後，男女銀行員忙為老人服務。

島上的阿公阿嬤，彼此相互扶持，加上預防醫學的宣導與努力，日子過得越來越健康帶勁。

刻搭船趕來。」兩人異口同聲地說道。

六月午後的沖島微風輕拂、白浪輕拍，氣氛祥和寧靜。有個漁夫挺在靠岸的船上甩竿釣魚，其他漁夫或閒坐或群聚或在球場上打著槌球。岸邊，鋁罐和寶特瓶分類整齊地擺放著，唯一的小吃店前，幾輛三輪腳踏車停放在那裡。三輪車後的籃子特別大，用來裝蔬菜、貨物用，是島上唯一的交通工具。

島上沒有汽車，漁民人人擁有自己的船，用來捕香魚、鱒魚、鰆魚、鯰魚、大黑鱸。這種生活方式已傳承了好幾個世代。整座島長約八公里，從碼頭步行到小學就是盡頭了，只要三十分就能走到。

背著相機的遊客忙不迭地捕捉貓兒入鏡；色彩絢麗得像芭蕾舞裙的漁網隨風律動；菜園、花圃裡葉茂花繁；九旬老婦弓背撒種種菜；皮膚黝黑的婦女個個硬朗健談；岸邊駐紮著消防隊。消防員以女性居多，常在黑夜裡護送患者渡湖就醫。

小學校到了。夏季裡，花凋葉茂的櫻花樹挺立，學童們跟著老師在戶外沖刷游泳池。越過泳池，遠處山色青翠、湖面靜穩。爲鼓勵學童健身，這座島每年夏天會舉辦長距離游泳，從一個叫杉谷濱的沙灘開始，全程一公里。有長程游泳比賽的小學和孩子們，讓這座島增添了不少生氣。

在地終老的實踐

“

SDGs 是聯合國在二〇一五年開始倡導的全球性計畫，有十七個目標。包括消除貧窮、零飢餓、促進良好健康與福祉、倡導優質教育、性別平等、體面地工作、強化經濟、增進產業·創新和基礎設施、減少不平等、營建可持續的城市和社區、創造和平·正義與強大的機構、締結實現目標的夥伴關係等，計畫將持續到二〇三〇年。

”

因應這個全球計畫，身爲重要的會員國之一，日本內閣府「地方創生推進事務局」擬定了「ＳＤＧｓ未來都市」計畫，選出二十九座有代表性的縣．市．鎮．村做表率。「地方創生」政策則於二〇一四年擬定，目的是爲了改善人口過度集中都市、重振地方上的活力。

「ＳＤＧｓ未來都市」其實也是要爲少子與老化問題解套。目標之一是希望整治城市的軟硬體，營造出友善老人的城市。

值得一提的是，SDGs十七個發展目標中的第三項是「確保健康及促進各年齡層的福祉」。而這個目標恰與ＷＨＯ在二〇二〇年推動的「二〇二〇至二〇三〇年健康老齡化行動十年」相呼應。健康老齡化，意指發展並保持老年健康生活所需的功能與能力的一種過程。功能與能力對所有人而言，意味著有能力按照自己的價值觀去實現自我、做事、做人。宣言中特別提及「透過改變我們對年齡和老齡化的想法、感覺和行爲，消除對年齡的歧視。」

此外，爲了替銀髮族建構永久的安居之地，ＷＨＯ於二〇〇七年推出高齡友善城構想並展開全球甄選活動。日本及早在二〇一〇年響應活動，當時約有三十個市鎮村參加，其中以秋田市表現得最突出，成爲日本第一座高齡友善城。全球目前有四十六國九百三十七個市鎮村參加甄選（含台灣在內）。

抗老，是一個全球性「人人參與，人人有責」的活動。

高等學府裡的秘密基地：東京大學高齡社會綜合研究機構

日本高等學府東京大學裡就有個秘密基地。秘密基地於二〇〇九年成立迄今，全名叫「東京大學高齡社會綜合研究機構」。成立宗旨是響應聯合國主導的SDGs永續發展目標、搭配WHO健康老齡化計畫和高齡友善城的概念，以輔導機構的立場協同政府、企業攜手協助民間，以實現老有所終的大同社會的理想。

秘密基地位於東京大學工學院八號館內，隱身在綠色樹叢後，默默地進行鮮爲人知的社會實驗。

「不少歐美國家面對國家老化問題都覺得束手無策。我接待過許多外國考察團，他們都迫切地想知道老人先進國日本如何處理這些問題。」後藤純進一步說明：「全球都在看。看我們東京大

秘密基地「高齡社會綜合研究機構」，隱身在東京大學校園內。

學所負責的二十一世紀新都市構想能否實現？如何實現？實現後是什麼光景？」後藤是該研究機構的特任講師（二〇一六至二〇一九年），專業是都市設計和社區營造，後於二〇二〇年轉調日本東海大學工學系，升爲副教授。

二十一世紀新都市構想遵循日本政府主導的SDGs與Society五．〇架構，召集了醫學、看護學、理學、工學、法學、經濟學、社會學、心理學、倫理學、教育學等專家，並與六十家以上私人企業合作，試圖透過這個社會實驗，將日本塑造爲老人國典範。

「Society五．〇」的概念是要在實體與網路空間融合的時代中，形塑出以人爲主體的社會。特別在老人生活的議題上，透過AI與IOT等新科技，建構安全、安心的網路空間，降低他們在日常生活中可能遭遇的風險、強化健康管理，營造出讓人自主生

都市學專家後藤純說，全球都在看日本能否成為老人典範國。

活的環境。在SDGs未來都市大架構下的二十一世紀新都市構想，有一個重要任務：達成長照政策中社區整體照顧體系的初衷：健康老齡化、在地終老。

針對健康老齡化，東京大學高齡社會綜合研究機構投入不少人力、物力和時間，多年來透過大型健康檢查，爲防止老人因加齡而虛弱化，持續努力不懈。現任機構長飯島勝矢教授是這方面的專家，打開該機構網頁，可以看到他手比愛心、笑容可掬的照片。

目前，日本四人中有三人在醫院往生。高齡臨終患者增加，導致醫院的病床數不敷使用、財務負擔加重，爲了緩解醫院等照護機構的收容壓力，將之轉移到社區和自宅。而經歷十數年來的宣導和實踐，這個觀念慢慢地普及了。

後藤純透露，爲能做到讓長者願意持續地居住、在地終老，首要必須是長者熟悉的環境，而且是能讓他們安心生活的友善環境。日本的家庭結構隨時代潮流變得多樣化，相對地影響了居住環境的設計。例如有家眷的高齡家庭要能讓其方便地進出醫院、獨居高齡者則必須滿足其自立性高的需求。

老，不是原罪

「爲了做到不讓老人在生活上感到孤立，居住環境也必須具備創造力、包容力和容易參與才行。」後藤純表示。由於對居住環境的營造及於失智症者，後藤透露，他不贊成特別排除高齡失智症者和失智症者，希望在與社區居民充分溝通後，能讓這些人也留在原來熟悉的地方生活。「創造一個沒有人會被排擠的環境，是社區營造的宗旨之一。」這個理念和健康老齡化計畫中不讓任何人掉隊的承諾是一樣的。

還不到五十歲的後藤純是中生代，他透露透過科技（AI＋IOT＋ICT）建置保護老人居家安全的醫療系統，當屬神奈川縣鎌倉市最積極。該市響應「Society五．〇」，爲獨居老人、白天單獨在家的老人、高齡者住宅和老人院等開發了AI守護系統，以預防老人因中風、心肌梗塞而在家裡跌倒、骨折或溺斃浴槽。其中包括安裝複數監視相機、麥克風、通話機，或在浴室安裝小型液晶平板監測，也開發了高度緊急通報系統，像智能音箱、高性能影像攝影等。

科技與醫療技術的進步對協助老人安心生活作用不小。行動不便的長者可以套上穿戴式裝置自由地活動；借助穿戴式機器也能偵測與預防罹患關節炎；失眠了可以透過ＡＩ調整枕頭的角度；膝蓋退化，改裝人工膝蓋一樣能走；心臟疾患有降血脂藥可服；白內障動手術能減輕症狀；罹患癌症有化療、重粒子放射線、標靶藥、免疫治療等治療的選項。就連帕金森氏症、臟器受損也有細胞療法可期。而且根據腦神經科學家證實，透過尖端的功能性磁振照影技術得知，不拘年齡，人的腦部在一生中都會持續地長出新的神經元。

「老，不是原罪，也不悲情。」後藤提起ＱＯＬ（Quality of life）的觀念，認爲不管年紀多大，都應該重視生活的品質。「即使八十八歲了，罹患慢性疾病了，還是想交女朋友。即使肩膀經常疼痛、有五十肩，但是每天還是應該早睡早起，努力地克服病痛、超越虛弱。」

這是後藤的理想老人形象。他表示，可能因爲自己出身群馬縣鄉下的關係，鄉下人容易知足，特別是農村，八十歲了還下田的老人家大有人在，小病小痛根本難不倒他們。他提到，在撰寫博士論時曾和指導教授赴台灣參訪，對台灣老人積極地想跟人交流與對話，印象深刻。

「二十一世紀新都市構想是一個重要的實驗。經過十多年努力，與東大有合作關係的社區和地方城市，各自摸索後已找到自己的策略，各有特色（詳見第六章）。我相信如果我們成功了，一定可以把經驗輸出到東南亞國家。」後藤純掩不住興奮地說道。

複合式養老模範社區：千葉縣柏市豐四季台

爲了證明自己所言不虛，後藤純親自導覽我參訪二〇〇九年即成爲實驗型社區的千葉縣柏市豐四季台。「柏市豐四季台」是社區的名稱，有複合式養老模範社區的美譽。努力了十二年小有成果，吸引不少來自國內外的訪客參訪。

千葉縣位於東京都周邊，車程約四十分鐘。柏市豐四季台佔地三十六・二公頃，以居家醫療和社區醫療系統見長，具有照護、醫療、居住、地區支援、多世代交流等特色，六千多居民彷彿住在服務多元的大醫院裡。七十五歲以上佔四十・六%，日常生活中需支援者十%、生活無法自理者十五%，也有一般健康的老人。

後藤純導覽柏市豐四季台。

實踐在地終老的社區有幾個必須完善的條件：訪問醫療、生活服務、健康養成．照護、高齡者勞動（種菜、照顧兒童、食堂打工）、終生教育、二十四小時住宅服務、移動（外出）便利等都要到位，附近居民也被賦予協助的義務。

豐四季台有其他社區難以望其項背的幾個優勢，例如，遼闊的土地上有一百多棟住宅。那是一九六四年東京「奧林匹克」後留下來的財產，能容納四千多戶人家，而且必要的各類機構林立其中，走路就能到。

在後藤純陪同下，我們先進到「醫療協助中心」參觀。中心在居民與社區內機構之間扮演橋樑的角色，負責協調任何事情。也去了高齡者服務住宅、特別養護老人院（收容需照護三級以上的高齡者，失智症者九十七％，生活無法自理者六十一％）、醫護業者事務所、小型診所、藥房、公園、幼稚園、保育園、超市、食堂、商店街、交流廣場等。一路所見，長者們多神色自若，也有帶著小朋友在草坪上玩耍的年輕母親。

「社區內的機構，以及他們提供的所有服務，豐四季台以外的四十多萬柏市住民也能自由地利用。」後藤淳透露，豐四季台的地利之便，讓國內其他社區非常羨慕。因為大部分機構都分散在社區外，從診所到藥房可能需要開車，老人院和幼稚園隔了好幾條街。

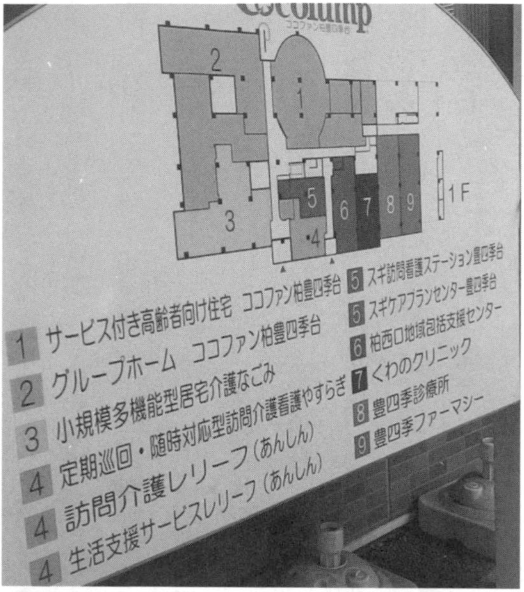

豐四季台內有許多小型機構。
1. 診所。2. 支援照護中心。
3. 有如一般社區的交流廣場。
4. 還有公車站。

「像大醫院的社區是一座安全的城堡，讓居民們感到安心。」後藤純感性地表示，這些居民原來就住在那裡，以後不管是老衰、病了、孤單了，都可以在原來的家覓得出口，安心地生活、老去和善終。

「奧林匹克」留下的財產，改作住宅。

讓城市脫胎換骨的綜合型照護機構：三重縣四日市市青山里會

在地終老的實踐，除了透過社區，城市和長照機構也扮演了重要的角色。日本的照護服務分爲居家服務和機構服務兩種。以機構服務來說，依照高齡者的身心狀況，又分特別養護老人院、照護老人保健機構和照護療養型醫療機構三大類。接著要介紹的是四日市市的照護療養型醫療機構「青山里會」、福祉之都神戶市的「幸福村」，以及特別養護老人院「千年村」。千年村是老人歡樂的聚落，幸福村是障礙者的烏托邦，青山里會則顚覆了公害城形象。

相對於城市社區型柏市豐四季台，同樣置身於都市的「青山里會」規模更大，是一個公家綜合型照護機構，所在地的三重縣四日市市被厚生勞動省選爲「社區整體照顧體系」典範。

日本三重縣四日市市曾因哮喘病而惡名昭彰。哮喘是一九六〇年代日本四大公害病之一，元凶是石化工廠產生的硫氧化物。後經過一番整治，產業都市的名聲猶存，一九六〇年代公害城的陰影似已淡去。四日市港的工業煙囪如今依稀可見，但比起昔日造成大氣污染的石化工廠群聚，現在較多的是煉油、半導體、汽車和食品工廠。

環境整治固然要緊，對這座三十一萬人的工業城而言，卻另有一個迫在眉睫的新議題。那就是如何讓人口三十％以上的高齡者歡度老年？

一九七三年成立的「社會福祉法人青山里會」像救援投手，及時在這座日漸老化的城市降下甘霖。經過近半世紀的耕耘，現有一千多名從業員、四十六家硬體設施，照護服務遍及全市二十三個地區，宛如一張嚴密的網罩住四日市市，並爲該市博得老人天國的名聲。

一家綜合型照護機構如何改變一座城市的形象？要從創辦人及其理念談起。

「福祉是醫療的起點」，是青山里會創辦人川村耕造醫生（一九三三至一九九三年）一生堅信不移的信念。川村是內科醫生，生性悲憫：「不管年齡或其他身心障礙，每一個人都有被社會接納的權利。」他在看診之餘也務農，汗水滴落在泥土的筋骨勞動拉近他與底層勞動者的距離。

從公害城到老人天國

四日市市是川村耕造的故鄉。救人的志業促使他主動地關心臥床老人的問題，鑽研老人醫學。當時全市的臥床老人有五百多人，如何解決他們的問題成爲最初的思慮。一次出國的因緣際會，讓他茅塞頓開。一九七二年隨團視察海外，在俄羅斯格魯吉亞共和國高加索參訪長壽村後，受到啟發。翌年，他仿效長壽村的做法，一手成立了青山里會，成爲第一任理事長。

青山里會的起家厝是小山田設施群。設施群錯落地蓋在佔地一萬平方公尺的丘陵地，也是川村耕造捐出來的土地。丘陵四周環繞著群樹與稻田，西向鈴鹿群山、東面伊勢灣，山水明媚、面積遼闊，雖離群卻不荒涼。從四日市市站前搭公車約五十分鐘車程。

步下公車後要走一段坡路，盡頭處映入眼簾的是標示機構名稱的招牌。一九七〇年代迄今，在這塊地上陸續營建

青山里會小山田境內鳥瞰圖。
醫療福祉機構群立。

了小山田紀念溫泉醫院、特別養護老人院、失智老人院、老人保健機構、支援障礙者機構、平價老人院、溫泉地域交流中心、日照中心、福祉專科學校、老人研究所等十數棟建築。

在同一塊土地建設如此多元的醫療機構，在當時是一種創舉。

然而，川村耕造後來積勞成疾，在六十歲那年就病故了。後由兄長外科醫生川村陽一繼承遺志。兄弟倆先後行醫仗義，將一生奉獻鄉土與弱勢者，在當地蔚爲美談。現任理事長是川村耕造的兒子川村直人。

青山里會小山田境內有各種照護機構。

青山里會裡的老人日照中心，室內寂靜，窗外綠意盎然。

歷史悠久的青山里會在日本福祉醫療界素負盛名，有幾項舉措引起全國側目。例如是日本第一家透過醫生實踐老人福祉的機構，小山田特別養護老人院（一九七四年）是四日市市第一家收容重症老人的機構；第二小山田特別養護老人院（一九八一年，別稱失智老人院）是日本第一家失智症老人專用機構；小山田老人保健機構（一九八七年）被厚生勞動省指定爲模範機構；小山田紀念溫泉醫院（一九八七年）首度實驗性地導入溫泉醫學，湧自地底四十九度的鹼性溫泉療癒了許多老人。

七十六歲的精神科醫師西元幸雄是青山里會的元老級人物，他陪伴川村耕造全程參與這個開創性任務。「現在覺得理所當然的事，當年都經歷過一番奮鬥。」西元醫生強調：「對福祉的需求是大社會的議題，小小的個人無法置身事外。」

青山里會的元老西元幸雄醫生說，對福祉的需求是大社會的議題。

根據西元醫生透露，從臥床老人問題出發，川村耕造經常面對愁容滿面的家屬們。家有臥病老人，家屬們往往身心交瘁、瀕臨崩潰，家庭氣氛灰暗。小山田特別養護老人院這類機構的出現，像一條救命的繩索，如墜地底的家屬得以攀繩向上。

高齡者在養護老人院受到悉心照顧，病情

再嚴重，臉上的表情也顯得安詳。化病痛為力量，他們在入院期間創作的陶藝、人偶、詩歌、繪畫、書法等，被拿出在醫院文化祭中展示。醫護人員、家屬、住民們也開始參加照護課程、演講和座談會。

「現在老人院常辦的各種活動，我們在幾十年前就做了。」西元醫生微笑地說道：「讓老人家在有限的歲月裡感受到希望，是我們的使命。」

在現場淬礪遠見

西元幸雄回想道，川村耕造的遠見都是從現場歷練出來的。以四十多前就開辦失智症老人院為例，主因是養護機構裡的老人出現失智症狀之故。隨著生理上的老化，人的腦神經細胞對訊息的傳遞與接收逐漸地退化是常理。一九八〇年代開始，日本男女平均壽命開始達到八十歲，但在那以前日本人的壽命從不曾那麼長過。一開始，包括川村耕造在內，院內的醫護人員對老人失智的症狀完全沒有概念，還以為是老人健忘或腦筋秀逗了。

滿腹狐疑的川村醫生開始博覽群籍、向各界討教，然後做了一個決定。他把失智症者從養護老人院隔開，聚在同一個地方，隨後派醫護人員從旁觀察、協助和治療。這個做法最初受到家屬們強烈的抨擊，誤以為是遺棄。

「所幸川村醫生堅持到底，最後這個實驗成功了。把失智症老人集中在一個場所，對改善病情的確有幫助。因爲這樣，患者的行爲精神症狀（BPSD，behavioral and psychological symptoms of dementia）不是減少就是消失了。這個事實也消除了家屬們的疑慮。」

有長遠眼光者通常勇於實驗。除了失智症老人院，青山里會的老人保健機構也辦得有聲有色。這是介於醫院與住家之間的療養型機構。老人因跌倒骨折、罹患感染症或臟器功能衰竭等進入醫院接受治療後出院。但基於某些原因，一些老人無法立刻返回來處，這時就需要一個像中間休息站似的機構，以保健爲名，讓醫護人員在那裡爲他們補給營養、打抗生素、協助復健直到恢復健康。

人手不足的隱憂

如同照護機構中的保健機構，日本的照護服務也多元細膩。除了分「照護」與「看護」兩大類[1]，僅照護就名目繁多，透過青山里會從業員名片上的職稱即知。

以青山里會機構長近藤辰比古和人事室室長三瀨正幸爲例，名片上的職稱就有社會福祉師、照護福祉師、照護支援專員、失智症照護專門師。而每一種資格都表示他們在照護項目中不同的專業。

「我們自己有專科學校。主要培育照護福祉師、復健人員、營養師。其中最缺的是照護福祉師。」負責人事的三瀨正幸透露。照護福祉師需通過國家考試，主要協助患者生活與身體康復，而且要能應對被照護者家庭所提出的任何諮商。

如前所述，由於照護人才極爲短缺，導致入國門檻高的日本也不得不讓外國人加入。以招收留學生爲例，留學生如果通過規定的考試，可以終生留在日本工作，小山田專科學校也招收留學生。二十多名留學生中有亞洲人、巴西裔日本人，以及來自偏鄉的日本人。另一方面，以日本的生活水準來說，照護工作不算高薪（月薪約二十萬日圓，有證照者稍高）卻需二十四小時待命，被公認是「三K」勞動：勞累（Kitaui）、骯髒（Kitanai）、危險（Kiken），這也導致人手短缺問題難以在短期內解決。

三瀨正幸和近藤辰比古都出身社工，服務他人是興趣也很擅長。「任勞任怨的，沒有事能難得倒我

青山里會機構長近藤辰比古對照護人手不足，深感憂慮。

1 詳見「有錢未必幸福——照護福祉師池田玲子的告白」。

們。」近藤半開玩笑地說道。近藤的身材壯碩，看起來體力很好。身爲管理職，他不僅常要在散落各處的小山田設施群之間奔走，也要巡訪散布在市區的其他硬體設施、參與各項活動。「我們專注在福祉、保健、醫療方面的服務，也關注高齡者的生活，很用心地打造與老人共生的環境。」

青山里會的「里」字有故鄉的意思。故鄉的事就是我們的事，將服務落實在生活成爲重要的服務。例如在三重西區有效地活用騰空了的店鋪，利用店鋪經營失智症者咖啡館、餐館，也讓六十五歲以上的長者在生活上不至於感到孤立；組織健康守護隊，偕同專家每週和長者在固定的場所閒話家常、一起做運動、舉辦健檢；帶動附近居民一起爲老人送餐、除草、倒垃圾、搬移重物或採購日用品。此外，也鼓勵居民主辦交誼沙龍、知識性演講、老少咸宜的活動，邀請當地長者、一般民眾、兒童們共襄盛舉，攜手編織沒有障礙的生活網。

福祉的定義是照顧眾人，讓其感受到最低限度的幸福感。青山里會遵循創辦人川村耕造普世的意志，以驚人的持續力執行各種照護服務、經營各類照護機構，以半世紀以上的歲月，舉傾城之力替一座城市樹立老人天國的典範。

採訪結束，赴電鐵車站的途中經過著名的善光寺。一眼瞥見越過寺院牆頭壯實的櫸樹，葉綠枝繁生機盎然。

有錢未必幸福——照護福祉師池田玲子的告白

照護界中，池田玲子是名搶手的照護福祉師。與保健師、看護師一樣，是基層照護員也是業界的中流砥柱。

原是美容設計師的她，不管穿著或打扮都有自己的品味，作風明快獨立。當確認照顧老人是自己的志向後，曾單獨赴歐洲旅行、參訪歐洲養老院，積極地學習並考取照護福祉師資格。

照護福祉師（Certified Care Worker）的主要任務是，協助老人在日常生活上過得舒適安全、協助排解他們身心上的障礙。這需要專門的知識和技能，例如心理學的知識。

照護福祉師池田玲子
原是美容師。

鬧區中的老人公寓

我目前在「京都Trust Garden四條烏丸」工作。這是一家附照護服務的老人公寓，隸屬XIV（エクシブ）集團，是私營照護機構。XIV集團於一九八七年成立，是採會員制的度假旅館，旅館遍及全國二十六個地區，會員約十七萬人。

要到座落市中心的老人公寓，搭電車在「四條」下車、步行約七分鐘就到了。因為是附照護服務的公寓，所以二十四小時都有人在。服務員有照護福祉師、照護支援專員、看護師、職能治療師、營養師等。附近也有醫院和診所，晚上如果有急需可以立刻過去。公寓限六十五歲以上長者入住，有失智症者、一至五級需照護者，也有健康的老人。

每個人的情況不同，有單獨入住也有夫婦一起住進來的。收費不低，算是富裕階層的老人公寓，也有點像高級旅館吧。裡面住了幾位退休的醫生和教授。

房間有單人房和雙人房。單人房約六坪大，含管理費、伙食和照護費，一個月約二十八萬日圓；一人住的雙人房十一坪大，約三十三萬日圓；雙人房兩人住，五十五萬日圓。居住費用一次付清或月繳都可以。照護費由使用者負擔一成，金額根據需照護的等級不一樣，大致在一萬七千到兩萬五千日圓之間。

依我來看，有錢未必就有幸福。以前我曾待過鄉下的老人院，富有的農家也有。可是他們來探訪父母時，會表現得不太耐煩。有一個老家在東北的朋友告訴我，他們那裡的老人想在家或養老院終老的大約各佔一半。但是願意讓老人住家裡的家屬卻只有兩成。日本政府雖然積極地提倡在家終老，但是據我粗淺的地了解，在醫院往生的老人還是佔多數。

我在這裡已做了六年。總覺得老人家都不是真的想待在這裡，畢竟還是住慣了的家舒服，而且他們也希望常看到孩子和家人。

與負面情緒搏鬥

有一個罹患輕微失智症的退休醫生，食慾不好，話也不多，堅持自己上廁所。人一旦不想說話了，就很難跟他互動，加上家屬們大多採取保護，不太願意讓外人知道真相，結果呢，這種曾經是社經地位高的人，最後的日子反而過得很封閉。

當然偏好戶外活動的老人也有。老人公寓因為在鬧區裡，所以有書店、花店、咖啡店、寺院，還有貫穿京都的河流鴨川，賣盒裝食品雜貨的錦市場，非常熱鬧。

有一個阿嬤就很酷。她每天會喝一小瓶啤酒，常跟朋友外出聚餐，也精通花藝、繪畫，個性活潑。不過，九十歲生日過後，身體也變得比較虛弱了，外出時要有人陪才行。但問題是，我們這裡的看護人手不足，沒有辦法滿足每一個人的需求，阿嬤身在鬧區，一樣地每天足不出戶。

公寓有五層樓。每一層至少有一至兩名照護人員，晚上多一個。執勤時間分早、晚班。晚班從下午四點三十分開始上班，到第二天早上的九點三十分。工作十七個小時（中間休息一小時）。早晚班隔兩天輪一次，每週休息一天。

因為我很喜歡跟老人家聊天，所以這份差事完全難不倒我。心靈的快樂是珍寶，人生開始走下坡的老人，心理非常複雜。可以說，我每一天都在跟他們的負面情緒抗爭。

還好我天性樂觀。我離婚了，是單親媽媽。我知道怎麼運用豐富的肢體語言和正面的心態逗老人家發笑，自己也開心。

照護和看護不一樣

據我所知，介護有照護、照顧的意思，但是和看護不一樣。首先，目的不同。照護的目的是讓對象安全愉快地度過每一天，在生活上全面地支援。對象是高齡者、身體有障礙者。看護的目的是讓對象的身心狀態恢復和治癒，所以對象更廣。

其次是職種不同。照護是福祉職，有照護福祉師、照護支援專員、照護職員、研修者。看護則是醫療職，以治療為重點，適度地從事醫療行為，像醫生、看護師、準看護師、物理治療師等都是。

最後一點是，工作的內容不同。照護提供的服務包含身心。例如透過飲食、入浴、排泄等維護身心的功能。也提供生活上的援助，像清掃、做菜、洗滌等。最終的目標是希望對方能夠在生活上自立，然後再看需求適時地提供協助。

看護以治療身體的疾病為主，從旁輔助治療、預防、服藥管理、點滴、診察，可以從事醫療的行為（打點滴、輸血等），像看護師、保健師就是。他們所從事的醫療行為，不具備資格和專門知識者是無法做的。不過在特殊緊急的時候，我們也可以在醫生的指示下實踐醫療的行為，例如老人的腸胃裝了造瘻管，我們也可以幫忙插管、抽痰，或者替插鼻管者輸入營養液等。

照護福祉師以外，還有社會福祉師（身體照護與生活支援）、精神保健福祉師（協助精神障礙者），號稱「三福祉師」。三福祉師和保健師、看護師可以說都是照護界的中流砥柱。

參訪各國養老院

我很喜歡現在的工作環境。同事們都很年輕也有朝氣，每個人都以照顧老人為樂，企圖心很強，很在乎自己的工作表現。值夜班的人要伺候入住者用餐、就寢。如果有需要，半夜也要喚醒老人起床服藥或上廁所，和醫院的看護師一樣。

從美容師轉到這一行，一晃眼都快九年了。我喜歡旅行，所以在轉行以前特別去了一趟歐洲。歐洲很重視老人的福祉，參訪過挪威、丹麥、瑞典、荷蘭等地的機構。

我還記得，荷蘭的老人高級公寓非常寬敞，像一座社區。裡面住著知識份子、移民、女性等。公寓裡有電影院、餐廳、美容院、庭院，一般人也可以進來用餐。我曾看到照護人員在休息時並肩坐在一起抽煙，覺得他們很自由。有機會還想再出國增廣見聞，特別是安置失智症老人的機構。

據我所知，台灣的私人照護機構也有很多辦得不錯的，像新北市三芝的雙蓮安養中心、林口長庚養生村、萬華的愛愛院……。雙連的安養中心是和台灣的朋友一起去的，有教堂、餐廳看得到海、電梯裡擺著讓老人坐的椅子、室內一塵不染。在那裡巧遇坐輪椅的老太太，竟然對著我講日文，讓我很驚喜。下次去台灣，有機會的話我還要參訪其他進步的照護機構。

隱身山谷的人間烏托邦：兵庫縣神戶市「幸福村」

中國古籍《禮記．禮運》所云：「故人不獨親其親，不獨子其子，使老有所終，壯有所用，幼有所長，鰥寡孤獨，廢疾者，皆有所養。」放諸四海皆準。

在一座城市裡佔有一席之地，這點和青山里會頗爲接近，不同的是，青山里會的領導者是一介醫生，而幸福村是政治家。

二〇〇五年是日本長照政策的濫觴，這一年，日本政府構想出社區整體照顧體系，創造出比較符合現代社會環境需求的服務型態，這一點無庸置疑。另一方面，在此之前，儘管規模、內涵或宗旨有所不同，但基於重視民衆福祉的思想而開展的行動更早就存在於民間，也不容否認。事實上，形塑出日本照護服務特色的是歷史，以及由下而上的革命思想。一九七〇年代創立的青山里會是佳例，一九八九年開村的幸福村也是。

點子市長的夢想

佔地兩百多公頃的幸福村有十一家福祉照護機構。從一九七一年開始構思到一九八九年開村爲止，歷經十八年歲月。原始構想出自神戶市第十三屆市長宮崎辰雄（一九一一至二〇〇〇年）。一九七〇年代，加入日本共產黨的宮崎辰雄率團赴歐美考察，在訪視英國、北歐時，對其在濟貧、照護、重視障礙者的人權等作爲印象深刻，返國後立刻著手草擬藍圖。

「以最少的經費創造最大的福祉」是當時這位政治家的口號。神戶市率先在一九七七年制定「守護神戶市民福祉條例」，因而贏得福祉之都的美譽。

幸福村隱身在神戶市北區一座山谷裡，有個專屬的公車站牌「しあわせの村」（幸福之村），距市區約二十五分鐘。在佔山谷面積二十二%的空地上矗立著七所福祉設施、一所失智症老人醫院、一所復健醫院、一所保健設施和一所銀髮族大學。其他還有公園、運動場、學習教室、遊樂區、旅館、溫泉浴場、市集等。在這裡，每家設施都透過醫療、勞動和生活支援，協助慢性病患、身心障礙者建立自信，做到生活自立，能力有所激發，最終與社會產生連結。除了重症者多數人都通勤。

「幸福村不只提供照護服務，也可以宿泊、遊樂、學習、休憩、運動，是全日本唯一的觀光型福祉園區。」八十三歲的田中幸子介紹道。田中在托兒所工作了二十四

從巴士上俯瞰幸福村。

1. 幸福村的標誌：苜蓿草。2. 創辦人宮崎辰雄的半身像，立在幸福村裡。3. 廣場的ㄇ型石造「交流門」，象徵著訪客進到一個共生的場域。4. 銀髮族大學。

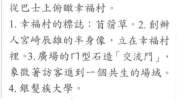

年退休後，自願成爲園區的義工。

本身有輕微肢體障礙的她開朗樂觀，說話聲音鏗鏘有力，對園區瞭如指掌。「不管是長者、身心障礙者、大人小孩，每個人都可以進來，在這裡一起玩耍、學習、生活、工作。人人自立，和社會連結，是人間的烏托邦。」田中認同園區共生的理念溢於言表。

陪我搭上園區裡的接駁車，田中幸子拉開嗓門認眞地導覽。路過的每家設施皆仿效英國式紅瓦白牆，庭前有花紅草綠。布滿翠綠山谷的歐風建築，讓人一時幻想置身歐洲田園。田中口中獨一無二的觀光型園區，確實吸引了國內外長照人士，甚至連攝影家、登山客也接踵而來。銀髮族大學位居地勢最高點，校門口前的花壇展示著學生的園藝成果，引來蝶飛蜂舞，繽紛非凡。

幸福村的標誌以苜蓿草作爲概念設計而成。綠葉代表大自然，白鴿意喻和平，紅色是溫暖的太陽。穿過廣場的ㄇ型石造「交流門」，象徵著訪客進到一個共生的場域，創辦人宮崎辰雄的半身塑像就在其中。

八十三歲的義工田中幸子說，「幸福村」是人間的烏托邦。

渴望與外界連結

日本有媒體稱宮崎爲「叛逆的人道主義者」。精力無窮的他曾爲建造神戶港內的六甲人工島而大刀闊斧地削掉一座山，改變了街市的面貌，讓因引進舶來品和西洋文化而名的神戶聲名大噪。改造都市後繼續致力於建構品牌，在神戶牛排之後強力推銷神戶葡萄酒，因而獲得點子市長的綽號。一九九〇年國家頒贈勳一等瑞寶章。

幸福村也是宮崎市長的施政成果。原由神戶市政府營運，後移交給「公益財團法人神戶市民福祉振興會」。隨著駐園區的福祉設施愈來愈多，福祉振興會也開始力邀民間團體參與經營管理。

山岡陽子是「神戶市民福祉振興會」經營企劃課組長。爲了讓每一個設施順利地運作，她常與各設施溝通，了解他們的需求，力圖解決問題。爲了提高業績，必須思考如何有效地利用場地、承辦活動，讓更多人前來利用園區。「營運方針要與時俱進。」山岡說道。這名笑容燦爛的主管，目標意識強、行銷能力一流。在少子・高齡化趨勢下，爲了吸引家長帶長者和小朋友前來消費，近年增建了親

經營企劃課組長山岡陽子說，幸福村的營運要與時俱進。

子互動的遊樂設施和場所、舉辦親子講座，鼓勵長者前來泡湯、住宿。

一路逛過來，只見幸福村內公園綠地上，幾頂露營帳篷架在大樹綠蔭下，春陽溫和，草地光影交錯，形成美麗的圖案。帳篷裡，累斃了的大人打著盹，睡不著的小朋友眼睛骨碌碌地向外張望。親子閒坐石頭上閒聊，有人在丟球撿球，也有附近的居民牽狗散步。

「Green home 平成」機構長竹本繁弘說，家長是重要的支撐力量。

Green home「平成」機構裡的成員外出散步、清理環境。

不遠處，福祉機構「Green home平成」（隸屬「社會福祉法人新綠福祉會」，收容中度與重度智能‧精神障礙者）的幾名成員迎面走近。散步途中，他們不忘彎腰撿拾垃圾或拔除雜草，算是替維持園區的整潔盡份心力。

竹本繁弘是「Green home平成」的機構長，本身有輕度障礙。原有社交障礙，後來在家人全力的支持下克服了，現在遇人滔滔不絕，還當上負責人。「家長永遠是我們的支柱。」他語重心長地說道。由於收容的是中、重度障礙者，這裡以生活照護爲主。但爲了鼓勵成員們勤動手腳，也安排了輕鬆的勞動，比如裝筷子，或是手撕牛奶盒、紙袋，做成再生紙用。「這些差事，全是熱心的家長們去找來的。」

障礙是日常的風景

「神戶明生園」（隸屬「社會福祉法人神戶聖隸福祉事業團」）收容重度智能‧精神障礙者。「讓他們平靜安穩地度日是我們的目標。不過也要帶動他們活動筋骨。戶外有花草園，可以讓他們動動身體、曬曬太陽。教堂裡桌椅的排放、牆上的貼畫都

「神戶明生園」機構長岩城州吾說，讓他們安穩度日是目標。

「神戶明生園」裡的教堂，成員整理得很乾淨。

「神戶明生園」機構外的植物園。

障礙者在維修。

是成員的作品。」機構長岩城州吾邊導覽邊說明。

幸福村佔地遼闊，城市裡的設施做不到的事在這裡可以實現。例如走在園區時，會不經意地瞥見輕度障礙者在戶外的藥草園、小菜園裡種植作物或維修網球場、游泳池，每一個人的表情都很自在。

福祉之都神戶有一百五十多萬人口。一九八〇年代就有幸福村，市民們似乎已習慣障礙者的存在，養成了平等之眼。障礙者們每天上下公車、電車，自由地通勤，因此他們在移動中的行動不管如何地艱難、言行如何地異於常人，也沒人多看他們一眼，像是日常的風景。

幸福村裡有「Work」字樣的機構，顧名思義是勞動，表示成員有工作的能力，而機構負有教育的義務。像「Work home 綠友」（隸屬「社會福祉法人新綠福祉會」，中度與重度智能．精神障礙者）、「Work home 明友」（隸屬「社會福祉法人神戶明輪會」，輕度智能．精神、視．聽覺與肢體障礙者）就是。「我們這種機構必須透過生產活動、提供就業機會。爲了提升成員的知識與能力，還要特別訓練他們，成員每個月有工資可領。」「Work home 綠友」機構長堀江善也講到這裡，拿起筆在黑板上分析工資算法，說道：「一個月最高領到十萬日圓。」

「Work home 緣友」機構負責人堀江善也說明工資算法。

1.「Work home 緣友」機構裡，聚精會神在編織的障礙者。
2.「Work home 緣友」的成員和工作人員。

不想遺忘的幸福

在「Work home 明友」裡，看到幾名穿著深藍制服、頭戴鴨舌帽的肢體障礙者，專注熟練地拆解小鋼珠台。通過廠商評估、證明具備技術能力，他們才能拆解行李箱、品檢橡膠製品、製造災害緊急用具（像攜帶型便器）等。這些人有固定薪水，生活自立。園區裡的二十多台自動販賣機也歸他們管，不管是商品補給、空罐回收或收取機器裡的現金，都是他們的活兒，這活兒可讓他們一個月多兩萬日圓。

機構長都築昌義笑容可掬。「有的身障技術員一做幾十年，耐力超強。視聽覺障礙或輕度智能障礙者也能做些簡單的茶墊、繡手帕或在別針上繪圖。這裡，每個人都有生產能力。」

勞動，確實能讓人感受到自己的價值。但是無法工作的人呢？

「我們就把機構內整頓得乾乾淨淨，或者協助無法勞動的人修復人際關係，讓他們安詳地度過每一天。」細見均回答。他是「Annex 湊川醫院」的事務長，這家醫院專門收容失智症老人。入住「Annex 湊川醫院」前，要先提出醫師開具的診斷證明。在程序上，要先讓區公所的照護支援專員面試，了解使用者失智的程度（日本的失智分五級，三至五級才能住院）和需求後再擬定全盤的照護計畫書。

在細見事務長導覽下，我參訪了院內。依序是房間、浴室、交誼廳和日照中心，

1

2

3

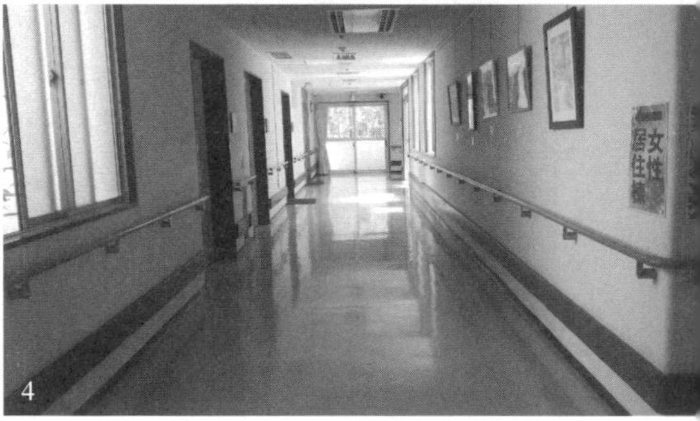
4

1「Work home 明友」機構長都築昌義笑容可掬地說：「在我們這裡，每個人都有生產能力。」
2「Work home 明友」機構裡的身障者正在解體柏青哥。
3「Work home 明友」成員的作品。
4「Work home 明友」裡有宿舍。

所到之處都明亮整潔，也很安靜。比起一般市中心安置失智症者的機構，這裡顯得寬敞許多。「爲了讓空間維持乾爽的氣味，我們在每一個房間的天花板裝上除臭設備。」說到這裡，細見特別示意我抬頭注意天花板。「環境，對安定失智者的情緒影響很大。通常自己的家是最友善的場所，所以醫院也必須營造出類似的氛圍。」

走過交誼廳，幾名坐著輪椅的高齡失智症者凝神地觀賞牆上的電影。那是一部一九三〇年代的日本電影，透過懷舊的影片、音樂，可以稍微喚起失憶者的記憶。銀幕上，當時的紅星淺丘琉璃子和石原裕次郎正相擁熱舞。Annex 湊川醫院的母體是精

幸福村失智醫院事務長細見均重視失智症者家屬教育。

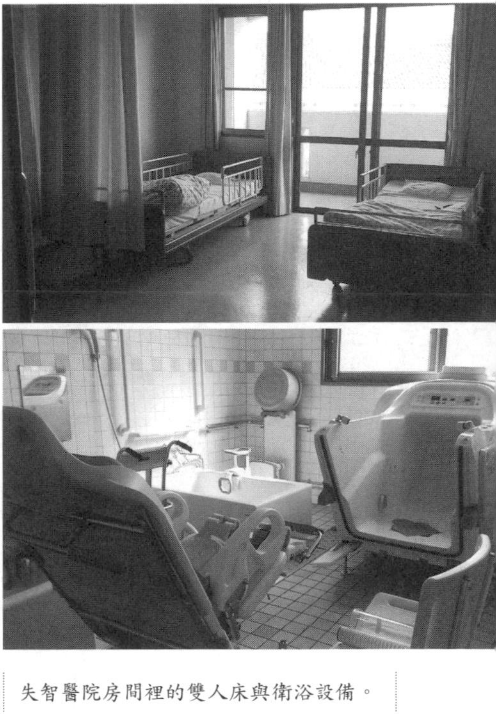

失智醫院房間裡的雙人床與衛浴設備。

神病院，對於緩解腦部退化的症狀自有獨到的應對經驗。

適度地教育失智症者的家屬也是重要的工作項目。例如向家屬說明初期失智症症狀並規勸要及早送醫。「送醫後，家屬在醫院裡觀察、了解專業人員的做法後，回到家裡才知道怎麼照顧。早期發現和適當的照顧，確實可以延緩失智的速度，讓逐漸失去記憶的家人活得有品質。」細見均特別強調。

天花板裝置了除臭設備，使空間維持乾爽的氣味。

高齡失智症者正在看電影。

澡堂裡的平等

幸福村裡，每一家機構都各以細膩的關照和高度的同理心表現人道的關懷。不限神戶市民，來自國內想逛遊幸福村的人不勝枚舉，國外長照業者也爭相參訪。除了網站，這些人的資訊也得自該市的「照護預防導覽手冊」（六十五歲以上的居民都會收

幸福公園裡，民眾攜家帶眷在草皮上野餐、露營。

幸福市集是附近居民最喜光顧的場所之一，其中的幸福雞蛋非常受歡迎。

幸福村溫泉館，無論行動是否方便，都能自在出入，享受熱氣騰騰的溫暖待遇。

到）。每一年更新資訊的手冊裡會明列各種照護機構及保健方法，手冊由各區公所的健康福祉科負責郵寄。

步出醫院，幸福溫泉浴場和幸福市集就在不遠處。

幸福市集是附近居民最喜光顧的場所之一。裡面銷售的所有農產品和熟食都由附近的小農供應，有部分是園區內障礙者的成品。有趣的是每一種蔬果都註明「しあわせ」（幸福）這個詞彙，有幸福米、幸福蔥、幸福黃瓜、幸福冰淇淋、幸福雞蛋。四處張貼的海報，其中一張寫道：「幸福雞蛋裡有特別飽滿的蛋黃。十顆四百四十圓，六顆打折三百三十圓」，還畫了一隻哈腰鞠躬的母雞。物美價廉的有機農產品讓人有幸福感，以致經常不到中午就被搶購一空，讓向隅的外地客跺腳大喊殘念。

市集以外，游泳池、健身房、網球場、浴場、交誼廳都歡迎外來者利用。中午時分，隨處可見遊客散坐在公園裡草地上自在地享用午餐。

溫泉浴場營業到很晚，晚上九點鐘還看得到入浴者身上冒著熱氣走出來。橢圓型鑲著玻璃屋頂的浴場特別敞亮。浴場內有特別爲障礙者保留的位置和浴室，只要有人陪同，即使拄著拐杖、坐著輪椅也能自由出入。這種服務，一般的日本澡堂不曾見過。

不記得在哪裡讀到的：「從看待老人和障礙者的態度，可以測出一座城市文明的程度。」

有靈安室的特別養護老人院：愛知縣西尾市千年村

有別於幸福村、青山里會，愛知縣西尾市的千年村是像家又像一座村莊的照護機構。獨立於城市之外，安放入居者大體的「靈安室」開風氣之先，備受上野千鶴子推崇，直呼值得仿效。

關於臨終場所的選擇，日本在一九五〇年代，約有八成在自宅往生。隨著醫療技術進步，民眾觀念改變，二〇〇八年以後，在醫院臨終者增至八成。然而，臨終前長期住院也帶來不少問題，醫療費用不貲、床位佔據過久、臨終看護的水準參差不齊等都是。啟動在地終老、在家臨終、善用照護機構等的長照對策其來有自。

伴你千年如一日

千年村屬於特別養護老人院，安置的是失能與失智症老人，入居者一百多名，也收容短期滯留的低收入戶，是公家照護機構。千年（sennen）有「時間從容流逝的場所」和「專念」（sennen，與千年發音相同，專心一致）的含義。

「從病房裡平凡人的身上，我們要感受他們的愛、喜悅、憂傷和悲痛」，全人醫療倡始者威廉．奧斯勒醫師（William Osler，一八四九至一九一九年，加拿大人）的理念，在這裡被沿用與實踐。威廉醫生主張，醫療與照護是藝術，不僅照顧患者生病了的器官，更需關注心靈層面。因此醫護人員宜善用五感（嗅覺、味覺、聽覺、聽覺、觸覺）提供服務，連場域都需具備療癒效果，畢竟使用者一天二十四小時都在內療養與生活。

千年村有新舊兩家，元老千年村是一座佔地約四千坪的綠建築，曾獲「醫療福祉建築獎」，於二〇〇二年設立，位於平口町，矗立於農田之中，遠望像座白色的高塔又像主題公園。新千年村則蓋在市區矢曾根町，取名「千年村矢曾根」，二〇一四年落成。兩個千年村的內部裝潢都用了許多木頭，室內氣氛柔和溫暖。透過大片落地窗戶曬進來的陽光燦爛，可以窺見開闊綠蔭的中庭。室內地板採特殊工法鑲造，防滑止跌。用水則採雨水和再生水並嚴禁使用合成洗潔精。「母親對木材的偏愛接近偏執。」元老千年村機構長阪部壽子笑著說道。她的母親中澤明子是創辦人。

中澤明子被當地人暱稱爲村長，她嫁給外科醫生。成爲先生娘後，跟著丈夫耳濡目染，坦承醫生丈夫善待患者的態度對她啟迪頗大。「平等地看待並關懷長者，也成了我的志向。」她在遺作《想觸碰生命的光輝》（暫譯。《いのちの輝きにふれてい

千年村機構長阪部壽子繼承家業，從母親手中接棒。
1. JSN，與聚落共生的照護機構。2. 木頭地板採特殊工法，能防滑止跌。3. 千年村看電視的老人。4. 千年村曾獲醫療福祉建築獎，圖為室內一景。

1

2

3

4

たい》，二〇一七）中述及。

元老千年村是兩層的平房式建築，約三層樓高，分布在地面的六棟建築全以迴廊連結。一樓大廳牆上的大字「JSN」（Japen SenNen: Life Life Life with Community）是一個承諾：這是一座聚落。是與聚落（社區）共生的照護機構，入居者是村民，生活在一個聚落裡並與其他的聚落緊密相連；機構長是村長，扶持照顧村民直到老死。

生活在聚落裡的人家

靈安室「風之房間」蓋在綠蔭華蓋的中庭池畔，沒有圍牆，像一座涼亭，低調沈默。這裡的「間」是空間的意思。矗立在千年村中庭景色最美的位置，水泥地、木頭柱，柱上白牆繪有奏樂的送行者，有大人、小孩還有背著娃娃的母親。在最美的風景裡辭世，靈魂如風無所不在。化成風以前，生者會佇立涼亭外默默地道別。而離世者生前知道自己啟程時有人送行，自己並不孤單。風清月皎。

參訪了元老千年村以後，阪部壽子親自驅車載我赴千年村矢

靈安室「風之間」。往生後，人的靈魂如風，無所不在。（「千年村」提供）

沒有圍牆的靈安室「風之間」，牆上壁畫是許多彈奏著樂器的送行者。（「千年村」提供）

「風之間」位在千年村內景色最美的場所。（「千年村」提供）

曾根。坐落在接近市區的新千年村，交通便捷，方便親友前來探訪，多了些熱鬧。機構長是木下典子。

木下典子的體格像運動員，動作俐落矯捷。在她快步的導覽下，我連跑帶走緊緊跟著，隨後參訪了入住者的房間與其他活動空間。看到了理髮室、小雜貨店、圖書室、小朋友俱樂部、員工托兒所等。「小朋友很喜歡來我們這裡。小學生下課後會自動來這裡做功課、翻翻書、買零食吃，也會陪老人家聊天。」木下如數家珍地介紹。

新千年村以單位制安排入居者的住房。每一名長者都有自己的房間，每十個房間為一個單位，像一個大家庭。每一個單位有共同作息的空間，廚房、餐廳、交誼廳、共用廁所等一應俱全。單位前還特別標示了街號、門牌，寫著「嫩草路一段」、「藍天路二段」……，宛如巷衖裡的人家，親切又溫暖。

每個單位的木柵門前掛著照護員的照片，每一張照片都笑臉迎人、朝氣蓬勃。對生活無法自理的長者來說，活力滿滿的照護員是重要的生活支柱。「因爲照護員的特質不同，每一個單位的擺設和氣氛也就不一樣。」木下典子的話不多，但是單眼皮下的眼神專注，聲音帶著感情。

梶川婆婆的五斗櫃

正值午餐時間。飯廳的擺設和一般家庭一模一樣，流理台上擺滿鍋碗瓢盆，還有電爐。照護員忙著收拾餐具，一邊是閒話家常或坐在輪椅上瞌睡的老人家們。有一名家屬正在餵著年邁的母親，場域裡的時間緩慢地流動著。八十五歲的梶川須賀子正聚精會神地閱讀，一眼看到木下典子和我，熱情地邀我們進房參觀她的房間。

入居者的起居室不大，但由於可以攜帶小部分熟悉

千年村矢曾根機構長木下典子，年輕有幹勁。

千年村矢曾根單位房：「嫩草路」一段。

的傢俱進來，家的氛圍更濃了。

梶川婆婆選的是一個精緻的五斗櫃，咖啡色的五斗櫃順從地悄立一角。木頭的質地光滑，撫觸的痕跡可見，透露出年歲久遠。櫃子抽屜前的貼紙上是工整的字跡，井井有條地標示「內衣」、「襪子」、「上衣」、「長褲」……。保有者一絲不苟的性格顯露無遺。緊閉的抽屜彷彿是沒說出口的過往，藏著許多回憶。五斗櫃是梶川婆婆的嫁妝嗎？母親買給她的嗎？原來擺在家裡哪個房間？

「我有三個孩子、四個孫子和一個曾孫。」梶川婆婆邊環顧房間，喜孜孜地說道。稍前她被診斷出罹患輕微的失智症，被送進了這裡。記憶家人是她每天的功課和快樂，素描也是。牆上掛著幾幅她的花朵素描，線條簡單、色彩單純。畫作旁有一扇窗，晴空上飄著幾朵閒散的雲。

「我們這裡的環境讓老人家有安全感，所以他們的

千年村矢曾根玄關。

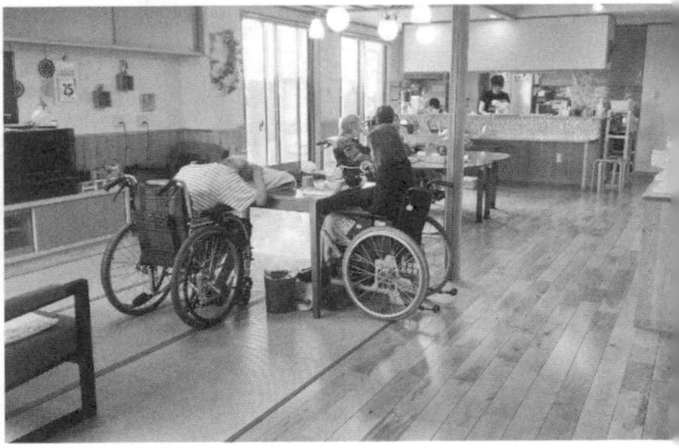

千年村矢曾根餐廳，有家的味道。照護員在廚房洗碗筷。

情緒算很穩定。」木下典子在一旁補充道。

管理得當的千年村目前唯一的煩惱是照護人手不足。

「怪不得剛才聽阪部機構長說過幾天要到菲律賓找人。」我應道。

「其實我們也有用照護機器人啦。」木下接口說道。

「那怎麼都沒看到？」

「機器人生病住院去了。」木下典子的笑容裡有一絲尷尬。

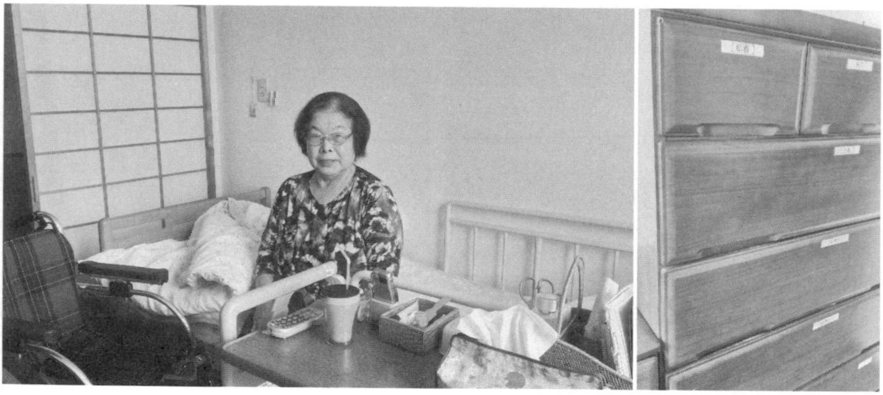

輕微失智的梶川婆婆。房間陳設以及五斗櫃上井然有序的貼紙，都透露其一絲不苟的性格。

地方小城的大志向

“

秋田市、近江八幡市、茅崎市、橫濱市和滋賀縣，與其他大縣大城市相比，無論從人口、面積、產業、名氣等來看都無法相提並論，卻能以小搏大，利用本身歷史、地理、人文或氣候、交通、居民特質等資源，拼出唯一，在長照地圖佔有一席之位。

”

日本東北方的秋田縣經濟條件貧弱，寒冬漫長、就業不易、青年出走、老化嚴重，難題一籮筐。首都秋田市卻以退爲進，擬定A+三顆心策略，扭轉弱勢爲優勢，打造出第一座高齡友善城。成爲繼秋田犬、秋田美女之後秋田縣的第三個名產。

神奈川縣茅崎市鄰近太平洋，有衝浪和明艷的陽光。但依賴漁業維生，缺乏重要工業，退休老人閒得發慌。市政府出面斡旋二度就業，透過社會參與，高齡者打破停滯，重新獲得存在感。同縣橫濱市的臉孔原是橫濱港和中華美食街，有一個NPO組織堅持以「爲長壽做美容」的概念，自願接送老人和行動不便者走到戶外，美化他們的生活，結果發展出獨特的移動服務，搖身一變爲典範移動城。

位在本州中央的滋賀縣近江八幡市，是地理要衝也是有歷史的水鄉澤國。離第一、第二大都市東京和大阪不遠、十六世紀曾是大諸侯的駐城。該市利用地理優勢、傳統建築和水景觀一躍而成CCRC[1]示範區，吸引全國退休族移住有成。滋賀縣擁有四百四十萬年前形成的日本第一大湖「琵琶湖」（另稱母親之湖），母親之湖帶動水源經濟哺育全縣，縣民環保意識高。公務員以身作則戒菸、走樓梯，居民居民跟著做了以後也變得健康起來。

讓老人快樂的高齡友善城：秋田縣秋田市

「忠犬八公銅像前見！」忠犬八公的銅像前是東京最潮的約會地點，位於東京澀谷車站。

忠犬八公的故事在日本人盡皆知。連美國都拍成電影「忠犬小八」（二〇〇九年，由李察基爾主演），重現這隻忠犬的傳奇事蹟。秋田犬八公是一九二〇年代東京大學一名教授的飼犬。每天早上牠會陪主人到車站，傍晚在車站前等主人返家。未料主人突然辭世，但八公仍早晚必到車站癡癡等候，直到罹病去世爲止等了十年。八公的故

1 CCRC：Continuing Care Retirement Community，持續被照護的退休社區。CCRC是始於美國的一種醫療照護社區，對象是退休後的高齡族群，在他們還能自立生活時鼓勵移住，地方政府隨後再視實際狀況提供照護、看護和醫療等服務，也可藉此解決首都圈愈來愈拮据的醫療服務。一九七〇年代，美國當時的精神障礙者大都長期住院，過著隔離的生活。基於國家政策，政府認爲有必要讓這群人與一般居民交流，進而能在社區裡生活，爲此設置各種服務與對應的窗口，這些窗口後來演變成服務機構。隨著照護管理對象與地域日漸擴大，後來又將對象擴及高齡者、身體障礙者，受虐兒童、慢性病患者、愛滋病患者等。而這種做法，逐漸影響了其他國家，英國、加拿大、澳洲等也起而模仿。

鄉是秋田縣。這個位處東北方偏僻的縣靠近日本海，冬天嚴寒、下雪量大、日照時間短。氣候嚴苛卻造就女性的皮膚白皙細緻，秋田美女之名不脛而走，與京都、福岡並列日本三大美女城。

高齡友善城的條件

美女＋毛小孩＋高齡友善城，是秋田縣的三個特產。二〇一一年，首都秋田市率先加入ＷＨＯ發起的全球高齡友善城市甄選，是第一個參加的日本地方自治體，成功地獲選。另列名於全球先進十一個都市・地域（城市包括英國曼徹斯特、西班牙巴斯克、法國第戎、中國香港、上海）之內。

成爲高齡友善城市的構想來自穗積恒醫生，他是醫療法人惇慧会・外旭川醫院理事長，曾說過：「凡能讓老年人感到快樂的事，我都有興趣做。」執行者是地方自治體、公務員、企業和民眾。

「抗老對策不落人後是有苦衷的。秋田的平均壽命和健康壽命在全國都吊車尾，這升高了我們的危機意識，決定提早加入這個前瞻性計畫。」兒玉夕子坦承。她是秋

秋田市是友善高齡的城市。

田市政府福祉保健部長壽福祉課副課長。和課長佐藤晴美、組員岩渕可奈子、古木実菜子負責推動業務。

秋田縣老化的速度名列全國第一。根據厚生勞動省的資料，二〇一八年，六十五歲以上佔總人口（約九十八萬人）三十六．三%，平均壽命在全國墊後。以男性爲例，平均壽命七十九歲、健康壽命七十一歲，和排名第一的滋賀縣相差十歲。秋田市的人口也年年遞減。目前人口約三十三萬人，預計二〇四〇年會降至二十三萬人。六十五歲以上者到二〇四〇年爲止，會增加約兩萬兩千人，佔總人口的四十二．三%，七十五歲以上者佔六成。

兒玉夕子透露，要符合高齡友善城條件，需有縝密的都市規劃，軟硬體都要到位。例如城市的架構、環境、服務和政策，都要達到WHO規定的八大面向。包括公共空間、安全、大衆運輸、住宅及社會參與、敬老與社會融入、工作與志願服務、完備的通訊與資訊，以及

市政府福祉保健部長壽福祉課，都是女將。右二為課長佐藤晴美、右一是組員岩渕可奈子、左一為古木実菜子。

副課長兒玉夕子說，抗老對策不落人後是有苦衷的。

社區活動和健康服務。

秋田市有一百多家民間企業贊助友善城計畫。其中，ALL-A（Age friendly LIVINGLab AKITA）實驗工作坊表現得最積極。工作坊力邀銀髮住民一起共創商機，當業者開發新的健身機器後會邀銀髮族參與試用，當面聆聽他們的意見和需求後加以改進。另也投注心力在終生教育上。在設計學習課程前，會先聽取高齡學員的意見或僱用他們擔任講師。與銀髮族同心，企業的構想也得以實現。

A+三顆心策略

在兒玉夕子和岩渕可奈子導覽下，赴工作坊參訪長者們上課。那天的電腦課程是學習製作賀年卡，講師是一名長者。課程多元，電視製作，金融講座、政策提言、5G、AI等。「讓長者們的見聞也能跟上時代是我們的目標。」ALL-A營業部部長佐藤雄介表示。佐藤和企劃總務部長佐藤直子是工作夥伴，服務老人的經驗豐富。老人上完課後紛紛進辦公室找他們喝茶聊天、試用健身機器，互動熱絡自然。

ALL-A 工作坊負責人佐藤雄介（左）和佐藤直子。

實驗工坊前的停車場停了幾輛銀髮學員的車子，車窗上的貼紙是友善城的標誌。由秋田市政府製作的標誌，以柔和的曲線表現秋田（Akita）的首字「A」，再加三顆心。三顆紅黃藍色的心分別代表政府、市民和民間，大家都是Age Friendly Partner，是最佳拍檔。標誌可以活用在別針、徽章，以及任何貼圖上。

以友善爲名的這座城市，官廳也卯勁規劃城市空間。例如將市區分爲六個核心區域，每一區都設置老人服務中心。二〇一六年，更採取了所謂共用性設計（Universal Design），把負責各項業務的窗口集中在市府大廳裡。市府不僅可當做災難避難所，也成爲市民活動的空間，在廳內雅緻的和室房間裡，市民們學習著茶道和料理。拉近與市民之間的立意可見。

參訪市政府當日的下午，大廳玄關正舉行音樂會。悠揚的樂聲吸引了老人、身障者、民眾駐足聆賞。軟體服務以外，硬體設備也看得出用心。大廳一

電腦老師也是銀髮族，正在傳授學製作賀年卡。

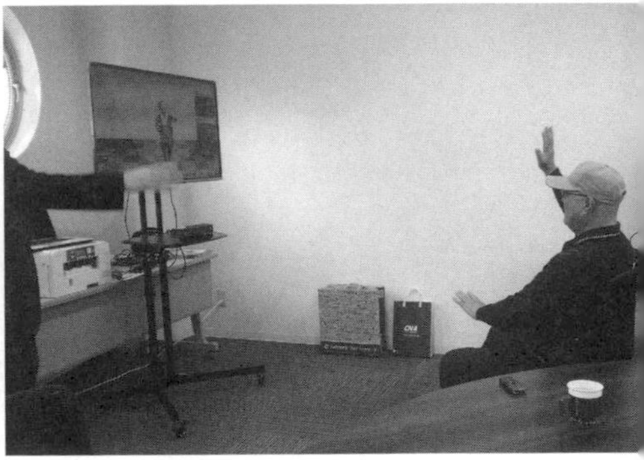

在工作坊辦公室裡跟著健身機器學跳舞。

樓角落裡有一個ATM，上面的文字說明字體特別大。帳簿、卡片、硬幣、紙鈔該放哪裡，大字都標示得清清楚楚。讓老人家或視力不佳者辨識容易、方便操作。

日常生活中的友善也隨處可見。新幹線秋田站裡，張貼著優待老人的電影祭海報；出門搭公車的老人只需投下一百圓硬幣即可；優惠老人的福祉美容院、福祉雜貨店、福祉商店四處林立。還有特別爲男性辦的照護員養成課；路上海報張貼著各種交誼活動的資訊，鼓勵老人跨越鴻溝多和年輕世代交流。

完善友善高齡城需要時間，課題也不少。例如公共設施與道路要大幅度地修繕、勞動市場人力不足、社區功能逐日降低等。「不拘軟硬體，友善城市需要被檢驗。我們還持續地在改善中。只要堅持下去，相信會有完善的一天。」兒玉自信滿滿地說道。

秋田市政府大廳裡的音樂會。

市府大廳的ATM。

稻田裡的老人會

兒玉是本地人。對她來說，「建構高生活品質的城市，讓住民們在熟悉的地域、友善的環境裡度過充滿朝氣的每一天」是至高的理想。她的父母公婆健在，擁有一對兒女，以及做起來有成就感的工作。毫無疑問地，這裡是她的歸宿，想終老的家鄉。

在兒玉夕子熱誠的導覽下，讓我印象深刻的是郊外稻田裡的社區老人會「笹岡南澤町內會」。這是一個例行的老人聚會，會長中村茂、保健師佐佐木裕美和支援照護專員也列席了。佐佐木是我見到的唯一的保健師，讓我想起西下彰俊教授所言「他們是滲透地方的一種看護人員，是日本長照的特色」。

從旁觀察之下，將近三個小時的老人會活動裡，看起來三十歲不到的佐佐木從頭坐到尾、笑嘻嘻地對待每一個人。從談話中知道，她對老人生活的枝微末節了然於心，有超乎年齡的耐力與愛心。

活動開始，首先十多個老人家先在按摩師青木薰、青山訓子帶領下，嘴裡邊哼著歌、手腳忙不迭地跟著做動作。東北地方的夏天不覺得熱，陽光柔和、微風襲來。榻榻米房間的落地窗外是稻田，綠色稻浪隨風款擺，白色的窗簾翻飛了起來。長型的房間寬敞，桌上擺滿老人準備的食物。熟食都是當天從田裡採收來的，煮馬鈴薯、醃小黃瓜，滋味單純鮮美。

老人會會長中村茂說，老人快樂
我們就快樂。

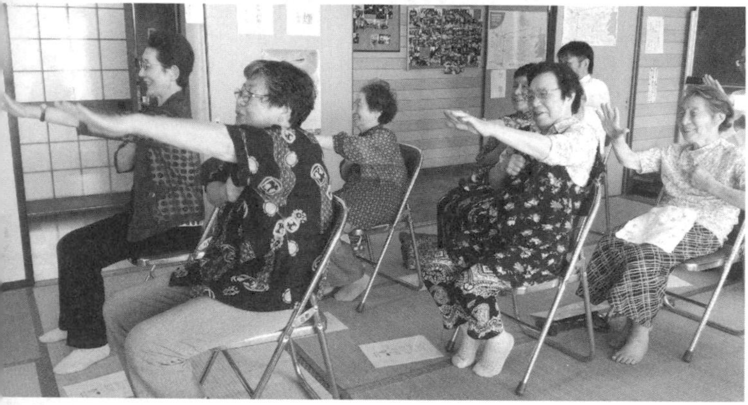

自在開懷的下午。（左圖）
89 歲的詩人埋首寫詩。（右圖）

年輕的保健師佐佐木裕美（右後
方戴眼鏡跟著做操者）全程參與。

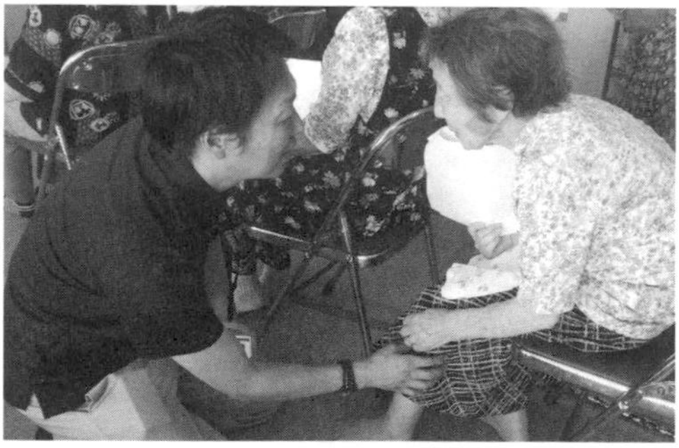

按摩師和會中最年長人瑞
交談。

當時，老人家裡最年長的一百零二歲、最年輕六十八歲，個個活潑風趣，有問必答。年輕時有人是詩人、料理家、裁縫師、教師、農婦，也有健美先生……。健美先生是少數的男士之一，現在晚上還在做警衛，體格很好；提供場地的人是農婦，手腳俐落地忙進忙出；教師最健談，凡事如數家珍；裁縫師的年紀最長，現在住老人院，每逢聚會從不缺席；料理家頻頻詢問台灣小籠包的做法；詩人還在做詩，隨身攜帶紙筆，筆記本裡的字跡優美。在場的每一個人都有一個漫長的人生，有獨一無二的青春夢，都是昨日的青年啊。

蒙妮卡．阿德特（Monika Ardelt，佛羅里達大學社會學副教授）是少數研究老年智慧的學者。她說：「我們研究老年的問題，卻不研究老年的富足。人生將盡的時候，整本人生之書展現在你眼前。……但即使在人生的最後一個階段，仍然會有收穫。年長者依舊可以貢獻良多，即使只是讓我們知道如何優雅地老去、死去。」

十多位老人在心所依歸之地，面對許多因爲老而帶來的不便卻仍知足，和他們共處的那個下午，讓人領悟到什麼是富足。

走出象牙塔的秋田大學和安全過馬路君

「老人家們，過馬路真的要特別小心唷！」日本秋田市警察署透過張貼的海報高聲呼籲。為了強化交通安全教育，以秋田市為首，日本全國有八十八個地區（二○一九年前）紛紛訂購了一個名叫「安全過馬路君」（わたりジョーズ君）的模擬步行環境機器，布置在路口或做宣導用。機器的開發者是秋田大學工學系和當地的橫手精工公司。

根據日本警視廳（警政署）資料顯示，以二○一九年為例，全國發生交通事故約三萬多人中，高齡者為五千五百多人，佔了十八．一％。此外，在七十五歲以上長者駕駛方面，也需加強管理。透過高齡者更新駕照測試後得知，一百六十萬人

少子．高齡化，衍生出許多其他的問題，其中一項便是交通事故直線上升。

中有五萬人因加齡而導致認知機能降低，如何降低高齡者發生車禍成為全國性議題。

透過機器了解步行

秋田市不忘在提升老人的認知能力、預防失智上下功夫，並結合學術機構一起採取行動。二〇一九年，秋田大學響應厚生勞動省推動的「失智症政策推動綜合策略」（別稱新橘色計畫，將溫暖的橘色當做友善失智症者的顏色），成立了全校性組織「高齡者醫療尖端研究中心」。

這個舉措為秋田縣加分，使其晉身為失智症者在地化的六個先鋒地區（其他有北海道札幌市、東京都板橋區、四國いの町、中部的豐明市和東海市）。獲選要件是致力實現高度友善及同理心的社會，尊重失智症者以自己的方式安居在熟悉的環境中。

「安全過馬路君」是全球第一台運用感應器感測步行環境的機器。在二〇一四年取得專利，改良後輕便實用，也適用於兒童、身障、視障者等。機器重八十五公斤、高八十寸、有三面螢幕，設置面積約高兩公尺、寬四公尺，組裝時間二十分鐘。

「少子高齡化要面對的難題堆積如山。我們的理念是活用工學的專門知識和技術，將構想化為真正的商品，對社會做出貢獻。」水戸部一孝表示。他是秋田大學理工系教授，也是研發機器的總負責人。這項計畫由產（產業）官（地方政府）學（學術）合作完成。政府提供財政資源、交給秋田大學和在地的橫手精工公司負責製造、開發和銷售。

尋求國外技術合作

透過水戶部教授的引薦，我在橫手精工實際體驗了機器的操作，由該公司的鈴木由香里在旁指導。鈴木隸屬業務部，職銜是「交通心理師」。專長是了解高齡者具備的能力或個人感官退化的程度，進而判斷他們在過馬路時會在何種情況下做出什麼行為。

水戶部一孝教授希望能多進行國際合作。

以下是我測試機器的體驗。首先站在機器螢幕出現的三種場景前模擬，場景由3D電腦圖形呈現。站妥後，中間的螢幕立刻出現斑馬線，當我的腳開始踩踏後，呈現在兩邊螢幕的車道景觀也跟著變動。我按下其中一個按鈕，假設自己在雨天傍晚過馬路。這時螢幕出現的場景是天候不佳、能見度差。當我跟著螢幕做出跨越馬路的動作之前，鈴木示意我高舉右手示警。當我舉起手後，螢幕上兩旁的汽車速度會緩慢下來。

體驗者可以按下多功能機器上的任何按鈕，做出各種組合。例如選擇不同的時間

（白天、傍晚、晚上）、氣候（下雨、下雪、起霧等）、道路的形狀、車輛行走的速度、車輛輛數、駕車習慣的類型，進而學習評估汽車接近的速度、駛進車道的時間等，再出過馬路的動作。體驗者可以選擇三種身分進行測試：俯視者、體驗者和駕駛者，機器也有重播的功能。最後體驗者能夠透過漫畫形式的圖表，檢討自己步行時有些什麼缺失，了解適合自己的步行方式和判斷能力，以便養成安全步行的要訣和習慣。

這台為了降低老人車禍風險的機器結合了動作捕捉（Motion capture）、大數據、VR、5G和感應器製造而成，也具有原創性與延展性。「為能被持久而且廣泛地利用，商品一定要具備原創性。」水戶部透露競爭力的要件，他表示：「我們繼續尋求與國外技術合作。希望能配合當地的地理、文化條件設計出一台普及全球的機器。」

「安全過馬路君」推出後，在日本佳評如潮。根據

作者親身體驗「安全過馬路君」。

神奈川縣和大分縣警視聽的說法，自從導入機器後，交通事故的件數減半了。岐阜縣大原汽車駕駛學校的學員們也反應，透過機器體驗後察覺自己在步行上的弱點，得以獲得改善。「我們收到來自各地的謝函，很欣慰。」水戶部一孝喜形於色。

永遠敞開的研究室

步行機器之後，水戶部率領研究生開始鑽研自行車和汽車的感應模擬機器，由研究生先用手工製作。他們先買下訓練用腳踏車，改造後再連接到電腦上做數據測量。感應模擬器是關鍵零件。在腳踏車上裝置感應模擬器，待體驗者頭戴VR鏡，騎上腳踏車後，這時頭部、頸部、腰部和兩個膝蓋就有感應的能力。透過感應器，紀錄身體動作的各種數據，例如身體各部位的動作、動作所需時間、與汽車之間的距離等。運用感應器也可以了解騎車者的習慣、特徵，以及造成車禍的因果。

水戶部教授曾赴美國麻省理工學院進修，擁有多項專利。其中一個是在觀察了鋼琴家彈琴和醫生在做心臟血管手術時的指尖動作後，他研發出能敏感地捕捉細微動作的遠距操作技術。事實上，持續在進行中的各種研發已延展到醫療領域。在水戶部一孝的主導下，工學系和醫學系攜手合作，共同開發了一種醫療用訓練系統，例如外科的脊背手術、採血動作等。

水戶部一孝才五十出頭。熱愛研發、幹勁十足。研究室的門永遠敞開，研究生們得以自由地出入。研究室前走廊的牆上、櫃檯上，貼滿許多新聞簡報也擺滿了各種獎盃。這名理工科教授出身北海道，大學赴秋田大學就讀後就被秋田的泥土黏住，現與妻子兩人定居在秋田市。教學和做研究以外，「觀察我家的貓在做什麼動作也是我的樂趣。」提及愛貓，水戶部開心地笑了起來。

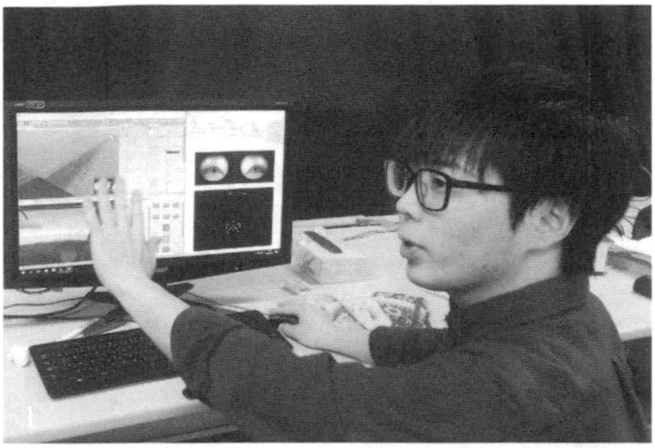

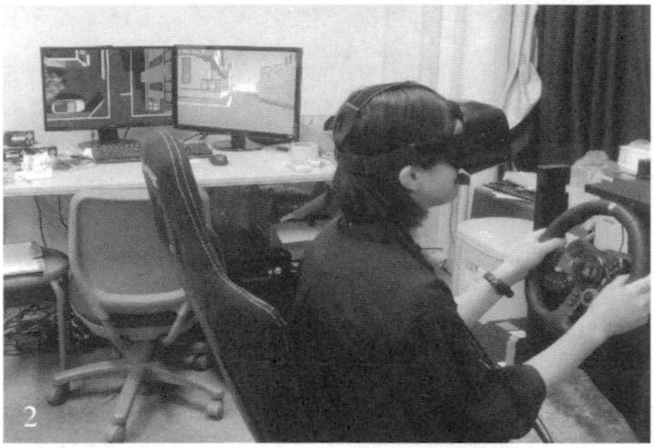

1. 秋田大學理工系研究生講解如何進行 VR 模擬駕駛。2.VR 模擬駕駛體驗。3. 自行車感應模擬器體驗。

退休族的樂園：滋賀縣近江八幡市

參與東京大學高齡綜合研究所實驗的城市都經營得很有特色。滋賀縣近江八幡市有望成爲全國退休族後半生的樂園，夢想正在實現中。

「鶴有沖霄心」。北宋米芾的仿字帖被懸掛在市內一棟古老民宅內，民宅位在重要傳統建築物群保存區內。這一帶常被日本影視界借來做拍攝武士片外景。

民宅是一九四七年昭和時代的木造建築，曾是銷售和服的店家，榻榻米的房間穩重寬廣，窗外日式庭院裡的石燈籠隱身在綠色矮樹旁。民宅在十多年前就被拿來當文創辦公室用，負責人叫田口眞太郎，是建設公司經理，負責城鎭規劃和策劃節日慶典。

「二〇一五年，當近江八幡市決定成爲退休者活躍城的典範以後，我們就開始有計畫地改建古民宅。」田口眞太郎表示。重整有歷史的民宅既能回味傳統的生活文化，讓高齡者發思古之心、樂於安居。「這是一箭雙鵰的構想。既能做觀光行銷，也吸引都市圈高齡者退休族移住。」

近江八幡市是水鄉之國。

1. 重要傳統建築保存區。
2. 傳統建築保存區內的民宅奧村家。
3. 傳統建築內有北宋米芾的仿字帖：鶴有沖霄心。
4. 建設公司經理田口真太郎，負責維修改造民宅。

安詳寧靜的城市

近江八幡市有一座國家級歷史遺跡安土城，十六世紀中晚期曾是諸侯豐臣秀次（一五六八至一五九五年）的王城。豐臣秀次是日本關白（輔佐成年後天皇的大臣）豐臣秀吉（一五三七至一五九八年）姊姊的長男。後來成爲豐臣家第二代關白，位高權重。當時的王城商業活絡繁榮，也是「近江商人」的發源地。

八幡市政府借力使力，採取「倚老賣老」策略，用歷史古城和打造水鄉（多河川、湖沼。佔地一百六十公頃）景觀吸引退休族。在全國上下使勁抗老之際，這個人口僅七萬多人的小城，及早規劃、目標明確，大力爭取成爲日本版CCRC示範區，如願在長照地圖上插旗成功，現在別稱安寧

退休族的樂園。與年輕世代共居的場所施工中。

（「安」詳「寧」靜）城市。雀屏中選CCRC與位於地理要衝、湖泊美景，以及行動積極有關。近江原有接近淡海之意，表示代代居民皆安居在幽靜的水邊。

在市政府綜合政策部企劃課課長茶谷健之和副課長淺田耕帶領下，我參觀了該市施工中的西湖周邊社區。這裡準備營造成移居者入住的社區，參訪當時施工中。荒蕪的空地用繩子圈圍起來，黃白色雛菊與雜草共生。小城的面積雖僅一百七十多平方公里，但有湖有山有農田也有牧場。「不只是高齡者，我們也歡迎年輕世代來我們這裡住。」茶谷健之強調：「營建多世代共築的社區是最高理想。因爲和不同世代交流，能打動老人家的心，讓他們感染活力，覺得生活有趣。」

近江商人藏金在細節

這時，淺田耕也敲起邊鼓來：「當然，我們服務的主體是高齡者。但是爲能讓他們早日習慣新的社區，有年輕人和小孩子在一旁鼓勵會更快地融入。」兩個公務員聲氣相通。他們習慣在「安寧城市資料中心」接待媒體。資料中心是閒置空間改建，可能修繕後不久，狹長房間裡的榻榻米微微地散發出香味，落地窗外眺望得到藍天和庭園。

茶谷健之和淺田耕都是土生土長的在地人，愛鄉之情溢於言表，後來我陸續採訪

自民宅改裝的安寧城市資料中心。

近江八幡市政府綜合政策部企劃課課長茶谷健之與副課長淺田耕，在「安寧之街」資料中心前。

沖島和滋賀縣就是接受他們的提議。「八幡市在本州中部，可以說是日本的要衝之地。『制霸近江即制霸天下』是戰國時代（十五至十七世紀）的名言。到了現代，因爲地理位置適中、交通方便，也變成國內移居的首選。而且這裡的道路比東京平坦得多，很適合騎腳踏車到處閒逛。離第一大都市東京三十分鐘、第二大都市大阪一小時。」熟習歷史與地理，茶谷健之一口氣說道，語氣裡充滿熱忱。淺田在一旁插話透露，自己最近經過一番思考後，決定辭掉城裡的工作返鄉服務。

這兩名年輕公僕顯然是市府裡重要的PR。從他們邊講邊展示的資料裡得知，近年日本國內出現了移居潮。有意移居者逐年增加，二〇一五年，從東京首都圈移至地方者，六十至六十四歲者有四千零三十人，六十五至六十九歲者二千一百二十七人，五十五至五十九歲者一千八百四十三人。其中以五十歲到六十歲者意願最高，男性佔五十．八%、女性三十四．二%。主因是大城市的醫療資源日漸捉襟見肘。

因應高齡退休族人口上升的趨勢，八幡市政府敏銳地嗅到商機，挾古城、建築、景觀、地理的優勢及早在國民憲章中寫道：「我們是笑容滿面、心靈豐富、溫暖的城市」，標榜是退休族人生最後 long stay 的不二選地，自信爆表。

近江八幡市配合長照政策，勇於接案擴張，其實也和高度同理心與細緻行銷的商業頭腦有關。在日本，近江商人、大阪商人和伊勢商人有三大商人之稱，出身滋賀縣的企業家和大企業至今仍被如此稱呼。耳熟能詳的有製藥業龍頭武田藥品工業、流通業西武集團、商社伊藤忠、住友財閥、三井財閥，紡織業日清紡、東洋紡等不勝枚舉。汽車業豐田汽車第一屆總經理豐田利三郎即出身滋賀縣。

商人本色見微知著。透過我投宿的站前平價旅館也知悉一二。例如旅館小房間裡燈光溫柔、播放的音樂典雅、早餐細緻多樣，有一般商務旅館看不到的溫泉湯池。藏金在細節，小也不是問題。對自認商業旅館常客的我來說，仍能感受到別出心裁。作家三島由紀夫有篇改寫自古典的短篇「志賀寺上人之戀」。主角志賀寺上人的道場是滋賀縣大津市的崇福寺。這部名作被譽爲重新詮釋戀愛與信仰並不相剋，顛覆向來日本文學的觀念。中立又敢於突破的交界成爲經典的地理背景想來並非巧合也說不定。

聽聞近江商人講究三贏：買方贏、賣方贏、地域社會贏。對地域念茲在茲，圓融之心＋衝霄鶴心，感覺近江八幡市似乎也掌握得很好。

在母親之湖畔的健康縣：滋賀縣

近江八幡市隸屬於滋賀縣，位在滋賀縣中部、琵琶湖東岸。相對於「鶴有衝霄心」，滋賀縣的志向是持續地維持全國健康縣美名。擁有日本第一大湖泊琵琶湖的滋賀縣是常勝軍。

滋賀縣男女健康凌駕其他城市。全國平均壽命排行榜上，滋賀縣男性八十一歲、女性八十七歲。健康壽命方面，男性八十歲、女性八十四歲以前都能自由無礙地生活與活動。「二〇一七年，滋賀縣男性的平均壽命排名全國第一、女性第四；健康壽命男性第二、女性第三。」奧井貴子面帶得意地說道。任職於縣政府的她有一個頗長的職銜：健康醫療福祉部健康壽命推進課「健康しが」企劃室課長。「滋賀縣有許多歷史悠久的寺院神社和美食。觀光客享用了來自琵琶湖的海鮮料理或廟寺的素食以後，再慢慢走到湖畔做運動、閒逛，是很愜意的！」奧井邊出示型錄邊介紹。型錄名叫「健康しが」。しが是漢字「滋賀」的假名寫法，讀成 shiga，用這種方式表現比較響亮有力。

水美環境先進縣

與湖泊息息相關的飲食文化和生活環境，深深地影響當地住民，也孕育了縣民的健康意識。四百多萬年前就形成的琵琶湖總面積六百七十平方公里、湖岸長兩百四十一公里，佔整座縣六分之一大。生態繁複、水岸文化豐美，別稱「母親河」。

人口有一百四十多萬的滋賀縣位在本州中部，自古代起就是重要的交通樞紐。左鄰大阪府和京都府，右近三重、福井兩縣，是全國物流和茶葉、藥品、製造工廠的中心。由於水資源充沛，是產業用水與飲用水的源頭，縣民環境保護的意識高昂，素有「環境先進縣」的稱譽。

縣政府所在地大津市距琵琶湖不遠，從京都搭快車過來只要九分鐘。在縣政府裡見到奥井貴子和她的同事鈴木颯。尾隨著他們走，很快地就能從周遭察覺到地方自治體維持縣民健康的用心。

首先，公務員要以身作則。縣政府鼓勵職員儘量不搭電梯，多走階梯。爲此電梯旁的貼文貼著海報：「上下七樓可以消耗二十·二五卡洛里」、「有八成的人走樓梯唷」、「多利用樓梯是表現對健康和環境同理的第一步」……。隨著他倆開始爬樓梯後，目擊到每一個台階前的文字：「走一格，消耗〇·一卡洛里。運動強度是走平地的三倍」、「走樓梯能改善你的代謝症候群」。……

呼籲全縣戒煙也是重要的示範。五月三十一日是世界禁煙節，滋賀縣政府在二〇一九年五月三十一日起，實施全縣全面禁煙：「全縣大家一起來卒煙吧！」「卒」有畢業的意思。縣長率先振臂疾呼，請跟香煙說Bye Bye。縣政府內、各派出所、公家停車場、學校、醫院、飲食店等場所也熱烈響應。後根據日本厚生勞動省發布的資料獲知，自二〇一六年起，滋賀縣男性抽煙比例二十・六%，比全國平均二十九・七%來得低。

縣政府內鼓勵走樓梯。

公僕以身作則

「不只是抽煙的比例，其他也有讓人刮目相看的成績。」鈴木颯在旁補充。不滿三十歲的鈴木是足球選手，無論多忙每天他都敦促自己至少每天做一小時運動。「我覺得，縣政府之所以願意接納資歷很淺的我，主要是希望透過像我這種年齡的人喚醒年輕人的健康意識。」鈴木透露，自從履職縣政府後，就開始執行各項計畫。例如經常舉辦健檢、健康研習會，和縣內年輕人一起郊遊、爬山、健行等，想盡方法誘導他們假日出門、參加戶外活動。

注重健康要從年輕時期做起，而常年的努力總算有了回報，獲得不少佳績。由滋賀縣政府主辦的全民減肥活動，成功的比例居全國第一。因罹病而去世者的比例降低、大量飲酒與獨居高齡者比例下降，有健康的生活習慣者比例提高，常做運動、熱愛學習、義工的人數直線上升。

「減肥成功有一部分是因爲縣民很看重自己的外表。至於健康的成績，和生活環境的關係密切。」奧井如此分析。資深的奧井貴子和年輕的鈴木颯不約而同地提到，經濟因素也很關鍵。近年來，滋賀縣縣民的所得經常在全國排名前面，一人一年平均所得三百二十七萬三千日圓。其他的表現也頗爲亮眼，所得差距和失業者很少、勞動時間短、高齡單身者少，以及圖書館多，而這些最終都和縣民的健康與成就感相連。

從側面了解，潤澤著滋賀縣經濟的母親之湖至少提供了二十多座漁港大量的漁獲，帶動農漁水產業繁榮。乾淨豐沛的水源對醫藥品業、製造業和茶葉有利，滋賀縣產的日本茶很出名。首都大津市的芳鄰是千年古城京都，沾光不少。要去京都或回返的觀光客經過大津市也會順便下車蹓躂。滋賀縣本身環山面湖、天生麗質，當然也有加分作用。

總之，用健康的角度打量這座縣，倒是新鮮的經驗。

滋賀縣健康醫療福祉部健康壽命推進課「健康しが」企劃室課長奧井貴子（左），以及代表年輕世代的鈴木颯。

透過社會參與，活得有滋有味：神奈川縣茅崎市

神奈川縣茅崎市和美國的檀香山市，是姐妹市，佔地三十五．七萬平方公里，有「袖珍火奴魯魯」之稱。面向太平洋，冬暖夏涼，是座出了名的觀光小城。但是這個人口二十四萬人的觀光城不以此爲滿足，有意斜槓成爲「宜居安老城」。現在的城市目標核心是致力推展三個目標計畫：透過社會參與，讓高齡者感受活著的意義；居民穩健生活，在地終老；年輕世代宜家宜養。

走進茅崎市政府企劃經營課，發現裡面色彩繽紛，不是環境是因爲夏威夷衫。這座城市的公務員夏天習慣穿花襯衫上班，蔚爲景觀特色。企劃經營課課長山口行介著海藍底花色襯衫出面相迎。聲如洪鐘的他直率地對我說，在三個城市的核心目標中，透過市政府「銀髮族人才中心」，目前成果豐碩的就是替銀髮族找工作。此外，開課輔導長者培養嗜好、做義工、吸收新知等都是重點項目。

穿夏威夷衫上班的市政府公務員山口行介（左）和木村隆彥（右）。

有花襯衫的市政府

銀髮族人才中心在市政府大廳一樓玄關不遠處。左手邊一眼就看到人才中心，透明玻璃屋外的兩側有兩個充氣氣球點綴。左邊寫著「支援您一生都在第一線窗口」，右邊是「和您一起尋找讓自己活躍的場所」。

透明屋內有兩名專員，專注地盯著電腦看。塚本康晴是其中一個，他也是退休族，從事業務工作多年。歷練豐富的他對替人媒合工作這方面可說是手到擒來，完全難不倒他。「日本政府機構裡，有這種窗口的並不多見。茅崎市靠海維生，像衝浪類的海上運動產業很盛行，但是其他產業就不太行了。相對地，因爲高齡人口多，在醫療、福祉機構反而較容易找到機會。」塚本康晴坦承。

和其他地方城市一樣，茅崎市也難逃老化迅速的命運。目前六十五歲人口比例，市中心區達四十%以上，偏遠地區也有二十三%。預估二〇六〇年後，高齡化比例將達三十六・七%。六十五歲者三人中有一人、七十五歲者四人中有一人。

六十多歲的井上隆次和吉田信雄退休後找到現在的工作。兩人是退出第一線後，主動赴銀髮族人才中心求職成功的例子。井上隆次原來是電腦工程師，現在受聘於照護機構，爲專車司機。主要任務是接送機構裡的老人家，也會幫忙修繕機構內故障了的冷暖氣機之類。「想找頭路的退休族不少。但是人年紀大了，容易變得退縮。尤其是日本男性，礙於自尊心和旁人的眼光。二度就業要跨出第一步並不容易。」井上說出男人的心聲後坦承，自己二度就業也是熬過心理掙扎、嘗試過幾個工作後，才體會「進」一步海闊天空。現在的他結交了不少老人院裡的老朋友，日子過得充實忙碌。

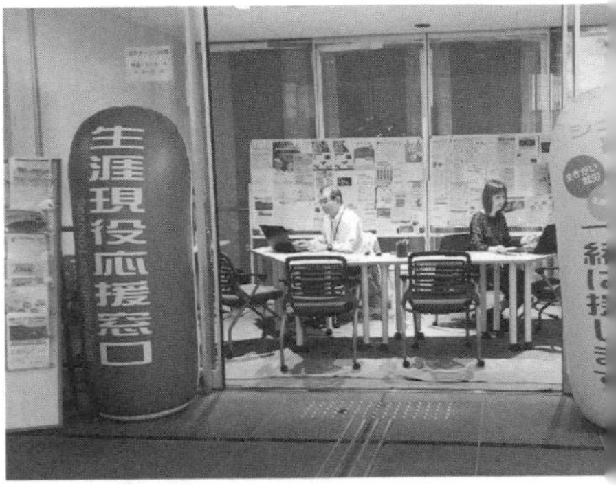

市政府大廳內的銀髮族人才中心窗口。

井上隆次樂於協助老人。

進一步海闊天空

吉田信則的專業是業務員，退休後第一份差事是大樓管理員。做了兩年半以後換工作，「現在是專門陪孩子們玩耍。」他如此形容。他在學童放學的時段，協助學校指揮交通安全、輔導學童做功課，也陪他們玩遊戲。「工作時間不長。一週幾次，一次幾個小時。和孩子們相處覺得時間過得特別快，讓我重溫童年時光，感受到生活的樂趣，覺得自己又重新獲得前進的能量。」講起話來眼睛笑咪咪地，看起來他也很滿意這份差事。

有意志的地方就有路。二〇一五年開始的業務，「目前透過我們媒合成功的案子已超過七百件以上。」山口行介表情愉悅地說明。二度拜訪茅崎市，第一次採訪、第二次參加小型座談會。座談會出席者吉田信則、井上隆次、塚本康晴、NPO組織成員等都是山口邀來的，同事木村隆彥也來了，身上穿的夏威夷衫是黑底棕梠加白色圖樣。企劃經營課兩人的花襯衫，讓談話的氣氛輕鬆不少。

茅崎市內有意徵求退休人才的行業並不少。透過茅崎市政府的網站得知有超市、料理店、照護機構、電腦公司、工廠、工地、幼稚園、資材公司、配送、櫃檯服務、資源回收、不動產等。公務員山口、木村

吉田信雄說，陪伴孩子們讓他重拾活力。

和塚本專員是觸媒，他們盡力配合市場的需求提供服務者，雙手一舉就讓兩邊如卡榫般喀擦一聲結合在一起。

站在長照的立場，預防醫療主要針對身體，有事可做則顧及心靈與精神層面。體力衰退但四肢能動的老人有的是時間，希望自己對別人有用。老有所用讓人快樂，有益身心健康，再就業或做義工都能與社會保持連結。

再往深處思考，勞動的長者不止於求溫飽，更展現超越肉體必朽性（mortality）的企圖心。這樣的企圖心足以提升、增幅活著的價值感，令人不覺孤單。顯然地，小城茅崎市有自己的哲學。比起花衫和太陽，哲學讓這座小城更有魅力。

企劃經營課主導小型就業座談。（左圖）
業務出身的塚本康晴是為人媒合工作的高手。（右圖）

爲長壽美容的移動城：神奈川縣橫濱市

橫濱市距茅崎市車程三十分鐘。相對於茅崎市致力昇華老人存在的價值，橫濱市決定美化老人和弱勢者的身心。爲了讓我更深入理解照護的本質與多元，二度拜訪茅崎市政府時，企劃經營課課長山口行介特別找來田中哲治郎、末木亮史加入。這兩位是橫濱市「特定非營利法人橫濱移動服務協議會」會員。

在長照的照護服務裡，類似台灣的「交通接送」，在日本多項的服務項目中，像住居、預防、照護、醫療、支援，屬於「生活防護」這一類。一座城市裡，比較弱勢的老人家、身心障礙者，總也需要外出辦事，這時會需要交通工具或訓練有素的專員協助。橫濱移動服務協議會將這項服務做得徹底也多元，僅服務對象就包含老人家、幼童、智力・精神疾患者、身體・視覺障礙者、罕見疾病患者等。

為了健康也要美

田中哲治郎是資深會員，環境工程師的專業退休，曾在國際協力機構ＪＩＣＡ

（Japan International Cooperation Agency）工作，赴尼泊爾、緬甸、上海、印度等國家協助其建立基礎建設。由於這項專長，田中除了陪伴需要者外出，也負責執行跨越屏障。所以他經常在橫濱市內到處走動，一發現有路障就必須改善或拆除，又有一點像城市設計改造者。要讓行動不便者樂於出門，外在環境需先整備完善。

田中哲治郎是資深環境工程師。

例如考量到身障者可能想去餐廳用餐、參訪神社寺院，或者到了公園想上廁所，田中會先外出考察這些場所夠友善嗎？如果有路障，就設法改善或拆除，否則就把環境的條件寫成提案，作爲日後改善的參考。「要營造沒有障礙的城市，需要時間和長遠的眼光。一旦做成了，不只是障礙者，一般人也能受惠。」田中說。

田中哲治郎和末木亮史一起在茅崎市政廳一樓咖啡室接受訪問。田中先發言，他問道：「妳聽過美容長壽這個概念嗎？替長壽做美容。」「怎麼說？」「只要幫助包括老人家在內有障礙的人出門就做得到。因爲走到戶外是美化身心和生活的第一步。不管什麼人、年紀多大、身負什麼障礙，都不要把障礙當做藉口，成天窩居在屋內。」一口氣說到這裡，田中稍微停住，舉起咖啡杯啜了一口後繼續說道：「移動服務不只是接送，眞正的目的是鼓勵弱勢者克服生心理障礙，開開心心地接觸人群和大自然，也爲自己的身心健康盡一些力。」

實踐長壽美容的結果，橫濱成了一座典範移動城。

該會目前有兩百多名服務員，從十八歲到九十歲都有，算半個義工，因爲有獎勵金可以領。服務員原則上一天陪同一次，服務四小時以內可領到五百日圓津貼，交通費一次一千日圓。入會的條件非常寬，只要是認同障礙者福祉的人，就算戶籍不在橫濱也可以參加。

美食國際港的另類特色

人人需要外出，不僅是呼吸新鮮空氣，更有日常雜務要辦。例如赴市政機關、醫院、銀行、郵局、不動產仲介、五金行等；爲了購買日常用品，得去超商、雜貨店；要維持健康和衛生習慣，散步、美容、理髮是必要的；想維持人際關係，就必須參加婚喪喜慶、學校活動、醫院探病；和經濟自立有關的是上學、面試，參加文化和就職活動；如果想實踐終身學習，就得勤快地出席研修會、讀書會、去書店；如果想讓生活發光發熱，那麼去健身房運動、培養嗜好、唱卡拉ＯＫ、看電影、逛畫廊、和朋友相聚。

人人外出的目的各異也需要行動的能力。坐輪椅的身障者們在義工陪同下，滿面笑容地在公園仰頭曬太陽的照片流布在網路上。移動服務的義工稱爲導覽義工或導覽服務，像一支拐杖似地，支撐扶持著需求者達到目的，滿足他們現實生活上的需要，也得以保持與社會接軌，意義非凡。義工需要上完規定的課程才被錄用。如何操作輪椅、輔導障礙者上下車都要學習，也要培養應變和危機處理的能力。

身材瘦高的末木亮史年輕友善，但三十多歲的他已獻身志工活動多年。完成大學歷史系學業後立即進NPO組織工作，擔任身心障礙者諮商員十年，在移動協議會也待了十年以上。「我很早就知道要在社會中實現自己的價值，只有透過眞正想從事的工作才能辦到。」他以熱切的口吻透露，之所以能長期忍受低薪，主要是樂在服務，這是他的價值觀。

「移動服務和需求者之間的距離非常近，我很喜歡這種感覺。經過多年的耕耘，現在知道有這種服務的人也愈來愈多了。符合服務資格的人或學校、機構通常是透過電話或郵件事先預約。我們在彙整資料後，再轉介給團隊的隊友。由於移動大多是短距離、當天往返，所以做起來一點也不吃力，

木末亮史說他樂在服務。透過喜歡的工作實現自己的價值。

很有成就感。」末木流暢地表示。

橫濱移動服務協議會認眞地執行任務獲得了認可，厚生勞動省老健局振興課、神奈川縣政府未來創生課、高齡福祉課都紛紛解囊贊助。像是春風吹皺一池春水，這個動心起念於老而美的移動服務逐漸擴散開來，在二〇一九年、二〇二〇年遍及全市十八個區和縣內十八個地區，估計二〇二一年、二〇二二年將涵蓋人口僅次於東京的神奈川全縣，澤惠更多弱勢住民。

橫濱市是首都東京都第二大城，引以爲傲的特產是全球第五名的橫濱貿易港和中華街。美食與經濟效益以外，如今移除障「愛」的移動服務也聲譽鵲起，儼然形成另類特色。

安寧療護機構、民間寺院與醫生
放手的藝術：

“

在哪裡臨終是日本近年的熱門話題。少子·高齡化情勢愈演愈烈，公營照護機構（含醫院、診所等）無法充分配合。根據日媒*Business Journal*報導，至二〇二五年止，由於日本的團塊世代年齡超過七十五歲，老老人口預計突破兩千萬人。屆時二〇三〇到二〇四〇年可能成爲「多死的時代」。從國家、照護的立場來看，「無法確保臨終場所、無法接受臨終醫療」的「臨終難民」將出現。

”

在日本，生者最後的家，其重心逐漸從公營機構移至私營機構。直到第一家私營安寧療護機構宮崎市「母親之家」（かあさんの家）於二〇〇四年設立之前，日本僅有兩家醫院在一九八〇年代設有臨終醫療室。一是靜岡縣濱松聖隸三方原醫院（一九八三），一是大阪淀川基督教醫院（一九八四）。

安寧療護的定義是，以專業的醫療知識和行爲照顧臨終者。「Not doing, but being（不需做任何事，只要陪伴在旁）」是最高哲學理念。起源於一九六七年的倫敦，首倡者是英國醫護與社會工作者桑德絲（Dame Cicely Saunders，一九一八至二〇〇五年），日本於一九八〇年代引進。

在哪裡臨終是日本近年的熱門話題。少子．高齡化情勢愈演愈烈，公營照護機構（含醫院、診所等）無法充分配合。根據日媒Business Journal報導，至二〇二五年止，由於日本的團塊世代年齡超過七十五歲，老老人口預計突破兩千萬人。這時二〇三〇到二〇四〇年可能成爲「多死的時代」。從國家、照護的立場來看，「無法確保臨終場所、無法接受臨終醫療」的「臨終難民」即將出現。

根據厚生勞動省調查，以二〇一四年爲例，執行臨終療護的件數，診所在六千家中爲四千三百多件（四．七%），一千家醫院中有四百七十多件（五．六%）。儘管希望在宅臨終者人數增加，但目前如願者僅十二．八%，在醫院、診所臨終則合計

七十七．三％。

讓安寧療護走入家庭，自宅成爲最後的家，以解決多死時代、臨終難民的難題。日本政府鼓勵私營照護機構、NPO組織、宗教團體加入。東京都小平市的「照護城小平」（ケアタン小平），在臨終醫療專家山崎章郎領導下，成爲其中的佼佼者，京都「Asoka比哈拉」醫院、橫濱市建功寺也不落人後，積極扮演起送行者的角色。

東京街角的送行高手：居家安寧療護機構「小平」

輕薄短小的照護城「小平」靈活地穿梭在都會街角，是業界公認的送行高手。

這家NPO居家安寧療護機構以協助當地居民善終、送終爲志，自二〇〇五年後送走約一千名晚期患者，其中八成在家往生。二〇一八年，被東京都選爲「認定NPO法人」，在五萬兩千家NPO法人團體中脫穎而出（僅二%，一千一百家取得）。距東京市一小時車程小平市御幸町幽靜一角的機構，稍不留意很容易錯過。

「在開車單程四公里以內，我們都能送你最後一程」，小平的服務一開始就設定方圓二至四公里範圍內，助人完成終老。致力協助癌症晚期（三成）者、其他疾患者（七成）有尊嚴地度過最後的時光。另還有許多敦親睦鄰的作爲，例如組織遺屬會、培育照護人才、經營老人公寓、提供活動場所，在二十多萬人口的小平市建立了口碑。

小平擁有五個事業所：居家安寧療護機構、訪問看護站、日照服務中心、老人公寓。其中居家安寧療護是最重要的服務，機構內雖沒有患者的病床，但有三名主治醫生、數名醫護人員。這些人以巡迴出診的方式定期地訪視患者，二十四小時待命。

安寧療護先驅

「小平是安寧療護的先驅者，領頭應對日本面臨的社會難題。」日本媒體盛讚。「我們的作爲富有公益性，所以獲得社會認可。在同一個體制下整合了數種事業所是我們的營運特色。」長谷公人說明。他是小平的總經理，父親長谷方人是贊助者，提供土地和建築物。

小平外觀樸素低調，是一棟附庭院的三層樓房。寫著「ケアタン小平」的木牌豎在高大樹蔭底下，樹下爬滿蔓藤植物，白色小花從葉芯探出頭來，庭院裡晾曬著衣被，像極了鄰家宅院。事業所全聚在佔地八百坪的土地上。L型三層樓的建築前有庭院，緊鄰高爾夫球場。院內種植了櫸樹、櫻花樹和一百多種盆栽。一樓是辦公室，二樓和三樓是老人公寓。所在地御幸町的環境清幽，生活便利。附近有川流不息

「小平」的總經理長谷公人說，被稱為「先驅」，是因為小平的作為有公益性。

的玉川上水、公園、大學、圖書館和大型購物中心。

院長山崎章郎醫生[1]是靈魂人物，也是著名的臨終關懷專家。「在現場實踐才能眞正地解決社會課題」是他的信念。曾在距小平十五分鐘車程的聖約翰櫻町醫院臨終關懷科工作十數年，作風開明浪漫。在任內，取消了醫院的關燈時間，允許患者在病房裡飲酒。「對時日有限的晚期患者來說，生活比治療重要。」他說。

及早意識到醫院制式的醫療方式和作風有其界限，山崎後來選擇離開醫院，在長谷方人協助下成立小平。但攸關照護與醫療，私營機構仍需醫院做爲後盾，後來促成聖約翰櫻町醫院和小平合作。這個行動派醫生的強項是巡迴出診，也能遵守患者意願，盡力緩和患者身心理苦痛，促其安詳離世。生死學是他的終極關懷，《且讓生死兩相安》（《病院で死ぬということ》，一九九六）是其著作之一。描述癌症晚期患者抗病的歷程，後來拍成電影，台灣也出了中文版。

小平裡的看護師們與醫生們搭配出診，積極地扮演維護

居家安寧療護機構「小平」的門口。

小平日照服務中心裡的看護師和高齡者們。

患者身心衛生、調解家屬心事、維持與遺屬聯繫的角色，是事業所不可或缺的支柱。

蛭田綠是小平訪問看護站事業所所長，離開大學醫院後赴小平工作二十年，經驗豐富，跟著醫生認識了許多晚期患者。「有一個愛開玩笑的癌症晚期患者有個習慣，就是喜歡把寫好的紙條藏在家裡每個角落，說是要在身後讓家人挖寶，感受驚喜。」蛭田嘴角揚起笑意，繼續說道：「去訪視這個患者，每一次進門就看到他坐在客廳椅子，很專注地凝望窗外的庭院，久了，竟然覺得他和風景已融爲一體了。」

看護師另一個重要的差事是與遺屬維持密切的聯繫。患者往生後第四十九天，看護師們會手捧鮮花前去慰問，也會定期地寫信慰問、辦茶會和緬懷會，與遺屬並肩站在一起，長年分享對離世者的回憶與想念。

訪問看護室事業所所長蛭田綠，知道很多臨終患者的故事。

---

1 詳見「生活比治療重要——七十七歲臨終醫療醫生山崎章郎」。

義工來自好緣之街

二〇〇八年，小平組織了「照護之樹」遺屬會，讓遺屬們擔任召集人，後來這些人當中有人成了照護專家。在一百多名義工中，遺屬占了兩成。機構裡，義工可以做的事很多，整理庭園花草、提供娛樂、陪伴聊天、組合唱團、各種雜務、食堂跑堂等。「好緣之街」是小平所在的御幸町的別名，「御幸」有祝你幸福的意思。由於義工都是小平附近的居民，是好鄰居，也因此得以順利地推動各種活動，像兒童活動、繪本的借閱與朗讀、懇親會等。透過各種交流活動，義工不僅重新認識自己的價值，也助小平與地域的繫絆愈來愈深。

「牆上的照片有義工也有職員。」長谷公人在導覽時強調，小平的正式員工不到二十人，義工絕對是重要的人力資源。採訪當天，我受邀在二樓的食堂用餐。食堂在老人公寓裡。

食堂乾淨明亮，落地窗外遠眺得到綠草如茵的高爾夫球場。用餐時，巧遇執勤的義工太太們。她們負責擺盤送餐，人人和顏悅色、身穿圍裙、戴著頭巾，老人公寓的長者們已用餐完畢離席。當天的菜色有煮魚、醋泡海藻、竹筍、味噌湯、白飯和麥茶，清淡可口，由附近美幸食堂的營養師和師傅烹煮。

用餐後，和義工太太們閒聊。起初大家顯得有點拘謹，其中一人打開話匣子後，

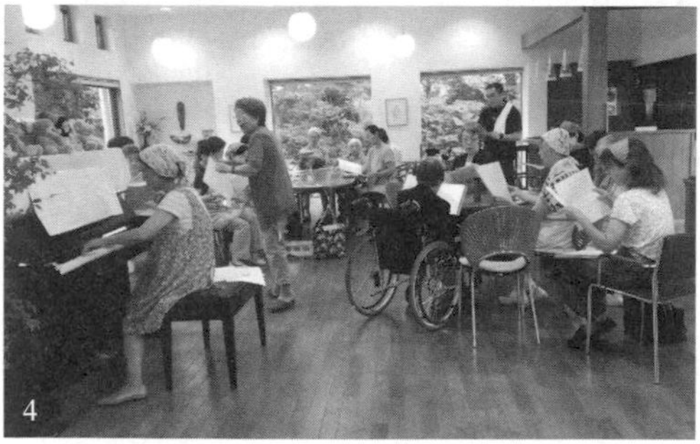

1 義工福山公子（左）也是小平老人公寓的住戶。
2 在食堂幫忙的義工們來自附近，都有一段故事。
3 營養滿點的中餐：煮魚、醋泡海藻、美乃滋竹筍、味噌湯。
4 附近居民也參加的合唱活動。

才開始七嘴八舌地分享心得：

「我做了快滿七年了。剛開始有點緊張，後來很喜歡來。一星期兩次，覺得自己比以前堅強了。」

「老人公寓裡的老人家和我母親的年紀一樣。聊著聊著，我學會了怎麼跟他們相處。」

「老人家跌倒了，比較緊急的時候，還是要找專業人士來處理。」

「陪老人聊天挺開心的，話題很廣。老實說，他們講的戰爭和歷史事件有的我都不知道，還有老人家說要教我做菜呢。」

「送小孩子出門上學以後，再累，我還是會來這裡喝杯茶，在這裡的時光很療癒。」

「以前，不知道自己的未來在哪裡。做了義工以後重新認識自己的價值，也知道怎麼生活比較好。」

「我們成立了合唱團，團員是附近鄰居、老人公寓的住戶，還有職員。我是鋼琴伴奏。」

碰巧當天有練唱的活動。說著說著，陸續有人走進食堂，要排練了。環顧四周，食堂角落裡果然有一架黑色的鋼琴，伴奏的義工太太連頭巾也沒取下，迅速在鋼琴前坐定，手指撫觸琴鍵彈奏了起來。指揮老師跨足走進人群，神閒氣定地舉手一揮，和聲揚起、溫柔流暢，陽台的花樹附和似地也輕微搖擺。

源氏物語的午後

當天小平的活動不只合唱練習，還有音樂會。

在同一個時段，小提琴清亮的樂聲，從另一棟平房裡的日照服務中心傳來，原來今天有音樂義演，表演者是小提琴手梓澤環和作曲家遠藤征志，日照中心的使用者和工作人員是聽衆。梓澤環也是小平的義工，外婆是小平的住戶。外婆去世後，她開始不定期地在這裡舉辦音樂會，遠藤征志應她邀請而來，兩人都是專業音樂家。

遠藤是第一個把《源氏物語》（十一世紀初日本的長篇愛情小說）的故事寫進琴譜的人。「化文字爲音符。我試著透過音符，表現宮廷女性的性格、思想，還有和男主角源氏的情感糾葛。請各位聆賞。」說完，他彈奏起鋼琴，梓澤環在一旁伴奏。

當日表演的樂曲名是〈六條御息所〉。六條御息所因愛生妒，誘發靈魂出竅後殺害了情敵，被後世視爲偏執瘋狂的象徵。但遠藤有自己的詮釋，「在清醒時，她並不是那麼矛盾的人，也沒有加害別人的意識。相反地是個有思想深度的女性。」遠藤表情認眞地爲其平反。

表演開始。隨樂音響起，兩名音樂家的肢體不約而同地忘情舞動，神情似因陷入故事情節而如醉如癡，緊緊地吸引聽眾的眼睛。環顧四周後發覺，老人家或坐或躺，個個瞇眼沈浸在熟知的六條御息所的嗔癡之中，小平的貓咪也慵懶地睡著了。盛夏時分，音符隨微風徐徐流動，穿過窗戶迴盪在晾曬著被服的前庭。

屋外的天色已暗，音樂會結束了。療癒的藝術時光過後，聽眾們開始騷動，有的排隊爭相購買有遠藤征志簽名的ＣＤ，有的安靜地等候家人迎接。

穿著白色制服的錦織薰一眼看到躺在活動床上熟識的老人家，笑咪咪地趨近：

日照服務中心的音樂會，義演的小提琴家與鋼琴家。

音樂會散場後，天都黑了。老人家們都還沒走。

「來，替您按摩按摩。」老人被逗樂了，兩人一起笑了起來。錦織薰長得頗爲福態，是小平的資深看護師，擁有三十多年的經驗卻樂此不疲。含舟車往返，每天工作十二小時。「太晚了就住下來。因爲開心所以自願這麼做。」

「成爲一名好看護師的條件是什麼？」「善於傾聽。」「有沒有可以分享的個案？」「嗯，有人臨終前說想泡澡，有人想穿漂亮的和服。不管是什麼心願，我們都儘量配合。」說話時，織錦薰臉上的笑容不會消失。

打好每一場球賽

福山公子是音樂會上的義工。那天也跟著待到很晚，她也是老人公寓的住戶。在獲得女兒同意後搬了進來。「很自由。公寓裡有兩個澡堂，視野都很棒。春天有櫻花，秋天觀賞楓葉。」

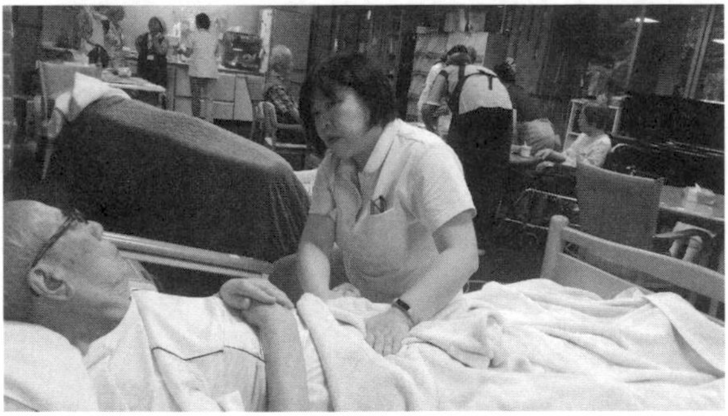

看護師錦織薰和老人談笑風生。

在小平各事業所當中，老人公寓也很有特色，入住條件不設限。無論是健康、亞健康[2]、負有任何障礙，即使是失智者，只要通過小平專屬的照護支援專員評估也能入住。住進來以後，每一個人都可以待到生命最後的一天。「我們的公寓又叫做一服莊，一服是休息一下的意思。老了，就來這裡休息吧。」長谷公人在一旁補充。曾是足球選手的他身材壯實，聲如洪鐘。他曾和同事相偕來台參加論壇，對台灣的照護機構也很感興趣。

一服莊的房間建材以木造爲主，所有房間朝南、附陽台。屋內有迷你料理台、冷暖氣、收納櫃、鞋櫃、拉門、洗衣機、對講機、發熱地板、免治馬

小平一服莊共同住宅有三層樓，樓下是事務所，二三樓是住屋。入住條件不設限，只要通過小平專屬的照護支援專員評估，都能入住。

桶。單人房約二十八平方公尺、雙人房四十六平方公尺，合計二十一戶。房間前廊寬闊、轉角處有圖書室；在綠化屋頂上栽種的菜用的是井水；沒有門禁和管理員，出入自由。

單人房月租約十三萬日圓（含水電、網路使用費和保安警備費）；雙人房一戶二十二萬日圓，報費、電話費自付。定金十萬日圓、押金五十萬日圓，概不退還。三餐伙食費一個月七萬六千日圓。夏天，委託中央廚房做的冷凍便當有七種菜色。小平附近的獨居老人以及有老人的家庭也能預訂，還可向市公所申請餐飲補助。由於服務到位、租金公道，聽說後面排隊等著住進來的人不少。

「經營得這麼好，爲什麼不增建房間或多蓋幾家連鎖公寓？」很多人這麼問。「事情做大了，服務就容易走樣。把現有的做好就行了。」長谷川回答得很堅定。足球比賽裡，達陣的秘訣之一是專心地打好眼前這場球？這樣的領悟不知道對不對。

2 亞健康：人體沒有明顯的病理特徵，處在健康與疾病之間的過渡時期。例如身體、心理上並無明確罹病的證據，就醫檢查也沒發現任何異常狀況，但人卻感到沒精神或不太舒服，就是亞健康的一種。

生活比治療重要——七十七歲的臨終醫療醫生山崎章郎

山崎章郎醫生是臨終醫療專家。針對晚期患者，他說生活比治療重要。

約訪山崎章郎醫師兩次。第二次才成功，時隔一年。業界鼎鼎大名的醫生隱居僻靜街角日夜奔波，無暇做公關。

「在醫院裡，我看了太多例子了。人在醫院裡離世的模樣一點也不平靜。有臨終者告訴我，死在醫院就像死在旅途上，心裡很不踏實。」山崎醫生雙眉微蹙，語調緩慢。

山崎章郎力主在家臨終三十年以上。他經常如此地說服醫護人員和家屬：「就算在生活上已失去自理的能力，在家度過最後歲月還是可能的。前提是有必要的人陪伴在旁，全天二十四小時照顧。」必要的人指的是家屬、護理人員、社工、志工等。

在最後的家善終

「怎麼走？是大事。家，是最優場所。在人生最後一章，人的自主權和控制力不斷地限縮，唯有場所與方法的選擇是最後的自主權也說不定。」說到這裡，醫生雙拳緊握，表情嚴肅。山崎出身福島，瘦高挺拔，黑色圓領罩衫襯得銀髮更閃亮。他繼續說道：「臨終照護的核心價值是透過醫療行為，讓人走到生命盡頭仍能維持平靜。可以的話，還要能感受到快樂。」

山崎醫生透露，在接觸安寧醫療以前，和其他多數醫生一樣，他也是本能而且習慣性地會對瀕死者做心肺復甦術，像人工呼吸、電擊心臟等。行醫八年後才領悟到，這種行為大部分只為了滿足自我而已。

該放手時就放手，這種生命態度啟蒙於現場和書本。

一九七五年，山崎章郎從千葉大學醫學院畢業後在同大學附屬醫院工作，專長是消化器官。一九八三年，他上船擔任船醫一年，下船後在千葉縣一家市民醫院工作。一九九一年，轉赴聖約翰會綜合醫院櫻町醫院，開始接觸臨終醫療，在現場累積與死亡對峙的經驗，直到二〇〇五年小平成立後離開。

多死時代來臨

視臨終醫療為終生職志是行醫生涯的轉捩點，與他邂逅的兩本書有關。擔任船醫那一年，前半年搭乘北洋鮭鱒船團母船，後半年則在南極海底地質調查船上度過。

「在南極海船上，我讀到一本書，徹底地改變了我的人生。」書名是《論死亡與臨終》（On Death and Dying，1969），作者伊莉沙白．庫伯勒羅斯（Elisabeth Kbler-Ross,M.D，一九二六至二〇〇四年）有生死學大師的稱號。伊莉莎白提及，年幼親眼看過在家裡平靜離世的人，家人溫暖的眼光是瀕死者的安慰與救贖。

第二本啟蒙書是《支援患者與家族的臨終醫療之實務」（暫譯，《死にゆく患者と家族への援助—ホスピスケアの実際》，一九八六），是大阪淀川基督教醫院柏木哲夫醫師的著作。讓山崎感佩的是，兩位作者都察覺到家屬是臨終病人很關鍵的支撐力量，在治療期間就必須把他們列入，亦即家屬、患者和看護．照護員是一體的。「這是非常獨到也很切實的提示。換句話說，當醫護人員在治療患者的同時，也必須關照到家屬的心情，對家屬的關心甚至要超過對患者。」如前所述，與遺屬間緊密的交流是小平的特色。

為了宣導這種觀念，山崎章郎不辭辛勞地赴各地演講，也有了與患者家屬接觸的機會。「對家屬們來說，臨終照護既陌生也很困難，常因經驗匱乏以致進退失據，精神上承受極大的壓力。」諸事環環相扣者多，家屬如果無法在旁熟練地協助，勢必影響醫護人員順暢地工作。日本醫療界也體察到這一點，開始在臨終照護教育上使力。

迎難而上柔軟心

山崎章郎自己也是團塊世代的一員。「這是一個迫切的現實問題。倡導在宅照護與往生多少可以緩和臨終帶來的照護問題，但是目前日本做得還不夠。」邊挽起衣袖邊說道，山崎醫生的情緒高昂了起來。看似沈穩內斂，實際上年輕時的他也曾參加社會運動，後對日本政治感到失望，為此消沈過。直到當上船醫、邂逅兩本書，人生志向找到了，「才知道能做的事還有很多。」

知道他是酒豪的人也很少。小平開設之初，當時醫生只有他一個，二十四小時待命之故，滴酒不沾有半年之久。無酒可喝的生活無趣單調，幸好患者們逗樂了他。

一個嗜酒如命的頭頸癌患者，口腔和下顎之間雖鑿了個洞，照舊我行我素地每天要喝杯威士忌，只不過液體都從洞口流瀉了出來，「唉，怎麼喝，也醉不了呀！」。會寫詩的肺癌患者熱愛朗讀自己的傑作：「皮包骨似的臀部，一忽兒就被便盆給吞噬了。啊，嚴冬的清晨。」既然沒有回頭路，何妨放手去生也去死。臨終前的快樂是這種境界嗎？

行遍生死谷、望盡世間情。臨終醫療醫生山崎章郎與人握手的力道強勁，合拍照時身體會自然地傾向對方；在自作上簽名時還能深蹲。七十不惑，有著迎難而上的鬥志、一顆柔軟的心。

有佛堂和僧侶的安寧療護醫院：京都「Asoka 比哈拉」

京都城陽市的「Asoka 比哈拉」，是日本第三家佛教安寧療護醫院（新潟縣長岡西醫院、福岡縣古賀市福岡聖惠醫院），專門收容餘日不多的癌症晚期患者。這家醫院的特色是備有佛堂、房間裡備而不用的鏡子、臨床宗教師（interfaith chaplain），以及不惜遠道前來的義工們。

七十八歲的園藝義工山本先生幾乎每天遠從隔壁的縣奈良開車過來，往返時間三小時。對他來說，Asoka 比哈拉是一個緬懷的場所，十年前，他的家人在這裡度過人生最後的歲月。

「小番茄和小西瓜都已經成形了。哈密瓜也長得很好。」山本表情和悅地說道。然後小心翼翼地托起套在紅色尼龍袋裡的哈密瓜示意我看。陽光溫煦的花圃裡，小巧圓潤的哈密瓜被像極了臍帶的藤蔓緊緊地纏著，藤蔓裡長出黃色

義工山本先生負責園藝。每天不辭辛勞地開車前來。

小花；紅黃色的小番茄結實累累，橢圓型的綠紋小西瓜好像小時候愛吃的柑仔糖。

Asoka 比哈拉[3]的營運者是日本的淨土眞宗本願寺派，於二〇〇八年成立。迄今已有一千多人在這裡善終。

盛夏的下午，Asoka 比哈拉完全嗅不到藥水的味道。看護師步履輕盈地往返一塵不染的走廊，來自大阪的義工中野貴美子正在替食堂桌上的花瓶換花。食堂裡一個人都沒有，二十八個床位的房間悄然無聲。

沒有鏡子的房間

我隨著一名看護師進入一間沒有人的房間。「房間裡的鏡子前面都附有帘子。爲了避免患者看到自己憔悴的病容，帘子通常是垂下的。」看護師邊說邊伸手拉起鏡前的帘子。明淨的鏡子映照出對面窗外庭院的景觀。轉眼望去，庭院的綠地上有一棵碩大的銀杏樹，但親鸞（日本淨土眞宗開祖，一一七三至一二六三年）的銅像沒有被大樹

1有鮮花的食堂。
2庭外的親鸞聖人銅像。
3房間裡的鏡子有鏡帘，平時都拉上。

遮住。親鸞僧袍的衣角隨風翻飄，晴空蔚藍。

安寧療護主要爲臨終前的患者提供醫療服務，但不同於緩和療護。安寧療護不做治療，但與緩和醫療也有重疊的地方，例如在無法解決病因形成的情況下，依然有義務讓患者的身心感到放鬆與舒適。

西方的基督教實踐臨終醫療由來已久，但在日本，佛教開始關懷臨終醫療並付出行動則在一九八五年。特別是二〇一一年三一一東北日本大震災之後，由於臨床宗教師的出現才廣爲人知。臨床宗教師類似西方的牧師，他們原是佛教工作者，在修習課程、領到證書後才具備資格。

緩和患者身心靈的痛苦、接受各種諮商、送終，是臨床宗教師的任務。

取得資格後的臨床宗教師超越宗派、不語宗教地，親

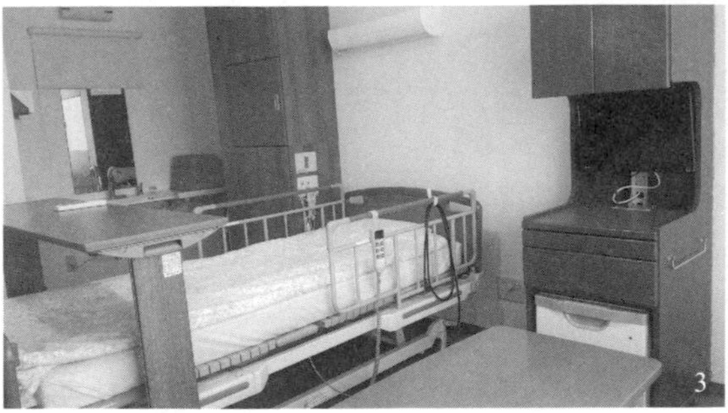

3 Asoka，阿育王，比哈拉，梵語 vihāra，臨終關懷。原意是精舍舍、僧院、寺院或休養安住的場所，後來泛指與醫療、福祉、教育有關的佛教活動。

赴三一一震災現場慰問災民、安撫受創的心靈。也開始積極地走訪醫院、老人院、臨終住宅等。一群有著堅定信仰的人在習得心理諮商的現代知識後展開服務社會的行動，這樣的作爲讓佛教接上了地氣。

Asoka 比哈拉裡就有常駐及兼差的臨床宗教師，其他包括僧侶醫生、護理師、行政人員在內約有三十名工作人員。打本弘祐是兼差的臨床宗教師，同時也是龍谷大學眞宗學系副教授、寺院住持。他每週固定幾次赴醫院服務。「以前，一般人都認爲在醫院碰到和尚是不祥的，因爲和尚通常只爲亡者念經超度時才出現。因此讓僧侶在醫院發揮其他的功能是正向的，不僅破除了以往的刻板印象，也拓展了未來的可能性。」

傾聽，是關鍵的能力

現在的 Asoka 比哈拉因爲僧侶的存在而有了溫度。

陪住院者散步、閱讀、拍照、聊天、用餐等這些看起來很平常的舉動，在醫院機構是做不到的。「醫院裡的醫護人員單是打針配藥就忙翻了，更別談悉心地照護患者的心靈了。」打

臨床宗教師打本弘祐說，傾聽是關鍵能力。

本言簡意賅地區隔兩個機構最大的不同。

對臨終者來說，醫療能顧及的有限。失落與絕望是臨終者日常生活的一部分。幾乎每一分一秒都要與退化、衰弱、病痛搏鬥，死亡的陰影又如影隨。人死了以後何去何從？這莫大的身心靈壓力要向誰傾吐？這時，有心理諮商師資格的僧侶，能做的事超出當事者親友和其他許多人，可想而知。打本弘祐說道：「除了傾聽，別無他法。」臨床宗教師的別名是「臨床傾聽師」。

生命原就是一趟通往死亡的旅程。有一個難忘的回憶。有一次，打本去探視一名熟識的臨終老人。兩人並肩沈默地眺望著病房窗外沈落的夕陽。「啊，原來我的生命就像那輪緩緩下墜的夕陽，這是自然的現象呀。」老人突然冒出這句話。在瞬間接受了事實。解脫生死即淨土，打本當下也鬆了一口氣。

「無憂樹」是 Asoka 比哈拉佛堂的名稱，平均一年送走一百五十人。患者臨終當天或翌日會在這裡舉

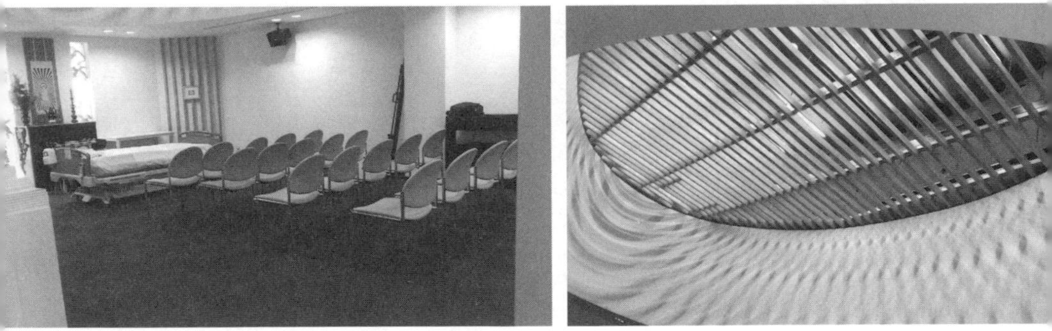

Asoka 比哈拉佛堂「無憂樹」，屋頂上的「船」，似乎暗示人們「隨時啟程」。

行送別會。時間分秒流逝，連佛堂天花板上那艘鏤空的木造船型也彷彿隨時要啟航似地。送別會當天，亡者的靈柩停放佛堂。身穿袈裟的僧侶先爲亡者誦經、醫院職員和遺屬致悼詞。職員們會感性地回憶住院者的生活點滴、性格特質、內心秘密；遺屬們爲來得及說再見感到安慰。對出席者而言，共有這段一起緬懷故人的時刻是珍貴的。

送別會結束後，靈柩從玄關啟程。院內的人都群聚在門口沈默地目送。

人去心不空

義工村上由美子也表情肅穆地出現在人群中。由於身材高挑，特別醒目。村上曾在醫院做過六年看護師，父親在罹癌數月去世後決定辭掉醫院工作，重頭學習臨終醫療。

「雖然自己是看護師，但是對臨終醫療完全不了解。父親生病以後，家人和我都忙亂成一團。等頭腦稍微冷靜以後父親也走了。」自願進 Asoka 比哈拉做義工，多少有贖罪的心理。

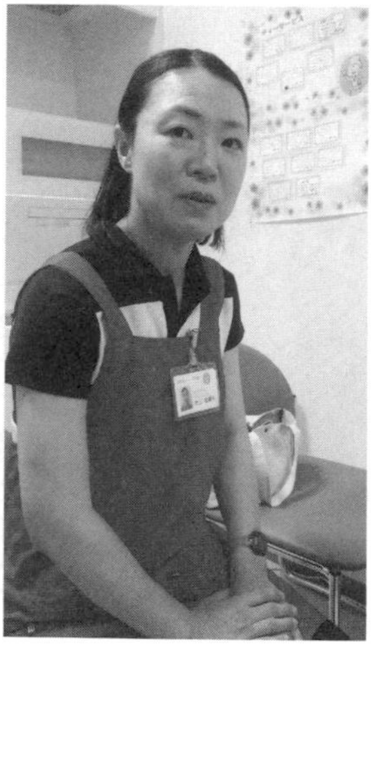

義工村上由美子原來在醫院服務。後來決定重新學習臨終醫療。

村上坦承，喪父後初抵 Asoka 比哈拉時很不習慣。住院者的人生燈枯油盡，在被限縮了的時間裡，要應付的事情像亂麻一樣多得數不清。而且每一天幾乎都有人離世。「當時的感覺是，這裡就像一個冰冷無機的世界。」

後來，是一個盲眼的老爺爺拯救了她。「爺爺的眼睛雖然看不見，卻了然於心。」爺爺勇敢地逃出不友善的照護機構跑到Asoka來。「像在宣告，生死雖由不得人，但是個人的境遇還是可以由自己主導，要勇敢。」村上由美子和爺爺後來成了好朋友，經常一起聊天散步，陪他走到最後。

「這裡有不少跟爺爺一樣的人，人生的經驗豐富坎坷，過得非常精彩。全心全靈地活，他們的故事很有說服力。

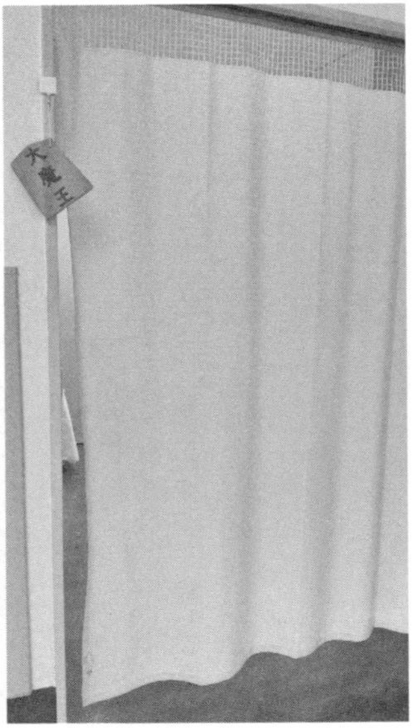

大魔王的房間門帘深垂。（右圖）
祈願樹。（左圖）

我受到啟發，覺得自己被拯救了。」受到鼓舞，村上持續地做下去的意志愈來愈堅定。後來即使面對人去床空也不再感傷，因爲她知道新來的人會帶來新的故事。

食堂前有一棵竹子做的祈願樹。許願者把心願寫在色紙後掛上竹樹。每個人的心願都不一樣：一生平凡、家人健康平安、希望能再瀏覽美麗的夕陽、感恩慈悲的佛陀。……特別醒目的是「想交個可愛的女朋友」。住院者房前的走廊闃然無聲。大大地寫著「大魔王」三個字的房間前，門帘下垂。微風掠過、帘角翻捲。聽不到蟬鳴的夏日，寂靜愈深。

天黑了，我們一起下山吧——六十九歲建功寺住持枡野俊明的生死觀

和建功寺住持枡野俊明的約定，早了一小時到達。

建功寺位在橫濱市鶴見區。這個區有一所鶴見大學，美國蘋果公司在亞洲的第一家ＡＩ研究中心就在附近，聽說賈伯斯曾經來過。

建功寺是曹洞宗（日本三大禪宗之一）的禪寺，已有四百六十多年歷史，下了電車後轉搭公車，在東高校前下車不久，黑色的山門出現眼前。簷上的匾額寫著「德雄山」，門前石碑上刻著漢字「一會之杜」（一会の杜），杜有森林的意思。鐫印在門扉的梶樹葉是寺紋，也是建功寺的象徵，誓與大自然共生。境內花繁葉茂、綠樹高聳，進門處

建功寺山門旁的石碑刻有「一会の杜」。

石佛前的黃菊和百合清新耀眼。時間還早，隨步拾階而上步入後山閒逛。時值初春，陽光溫煦，林木靜謐。

照顧腳下的哲學

後山是施主們的墓園，像一座袖珍森林。微陡的山丘上是挺拔的竹叢，春陽下竹身光影斑駁，梵鐘隱身在後。春季青嫩的楓葉輕拂在黑色牆瓦上，顏色對比成趣。傾斜坡面上枯葉散落，枝幹彎曲的老樹風霜蒼勁。

突然，傳來木屐踏在石階上的聲音。抬頭一望，是建功寺住持枡野俊明本人。寺院的後山正施工中，住持剛才在和工人講話，現在似要返回事務所。身穿深藍色作務衣的住持的背影直挺、腳力頑健。

這是第二次和枡野俊明見面，第一次陪同台灣媒體前來採訪。

時隔兩年，訪談的場所未改。進入事務所二樓的小辦公室裡，客人穿的褐色拖鞋，角落裡的書架、滿溢香氣的綠抹茶，住持椅背後的寺院月色照片，全都沒有變動。約定時間到了，枡野俊明現身。方才監工、現在會客，在作務衣前加了件替代袈裟的黑白色小褂子，氣定從容。

「日本是世界第一老人國，該不該煩惱？」開門見山地問道。

▲後山竹林靜謐，亭內有梵鐘。
▼枡野俊明的背影。

「社群網路和媒體不要煽風點火，自己把該做的事都做了，擔心的事情自然就消失了。」禪修數十年，住持不疾不徐地回答：「先談個人吧。通常是還沒出事前人才會煩惱，要不然早忙著撲火了。社群興起是亂源之一。旁門小道的資訊、複雜的人際關係容易讓人心煩氣燥。如何斷絕煩惱？我建議不妨從小事著手，先想好事情的優先順序，把該做的事認真地做完了，結果都不會太差。責任盡了，憂慮自然減輕。習慣養成後就能常活用在生活上。這是禪的實踐。」

「照顧腳下」是禪語。在玄關前脫鞋、穿鞋的瞬間，留意自己的腳下即是。畢竟現實人生有許多自己無法掌控的外在成因。但是專注當下，努力地掌控己力所及，再等事情好轉的時候到來。

「由於在世的時日受限，老人反能專注在讓他們更能活出自己的事物上。」紐約時報記者約翰・利蘭（JohnLeland）在著作《老年的意義——我和那些老人共處的一年》（*Happiness Is a Choice You Make:Less From a Year Among the Oldest Old*）中如此寫道。「專注在讓他們更能活出自己的事物上」，也是一種「照顧腳下」吧？

枡野俊明說，不著痕跡地作工，是禪的本質。

祛除煩惱心的方法

「面對信衆說法的時候，遇到煩惱最多的有兩種人。上班族和長者。前者太忙，後者無所事事。」說法是寺院住持的要務之一。寺院前石刻上的「一會之杜」，一會有「一生僅一次的邂逅」之意，無論人或事都是珍貴的機緣。

老人無事可做又貧窮，就容易惹是生非。二〇一七年日本法務省公布的犯罪白皮書上，近十年來，六十歲以上者犯罪比例不斷地上升，從二〇〇六年的十七·五%升至二〇一六年的二十六%，其中有一半是在店舖偷竊失風後被捕。

枡野接觸的信衆多半是收入一般的長者。他表示，高齡者中有兩種人，一是在第一線勞動時不忘培養其他興趣。這種人退休後的生活比較多采多姿，和社會也有不錯的連結。另一種人是工作以外別無嗜好，退休後只有四處閒晃或枯坐電視機前發呆。「我常建議長者們，最好在退休前五年前就開始規畫。當然，除了個人要感知，必要時社會也要適時地伸出援手。」

好學也是心靈良藥。枡野俊明喜愛閱讀，認爲書紀錄了作者不吝惜開陳的經驗和知識。他自己也是作家，有一百多本著作。台灣偏好他的心靈勵志書，像《你所煩惱的事，有九成都不會發生》（《心配事の九割は起こらない》）、《老後所煩惱的事，有九成都不會發生》（《老いを超える生き方》）。中國大陸著眼他寫的造園藝術，韓國則熱衷其佛經解析、坐禪修練。

「我反對以偏概全式的推論。但很遺憾地，整個社會和人群似乎都受到影響。凡事很難一體適用，每一個人依照適合自己的方式過日子就好。我認爲，學習能讓生命感到充實。學習不一定是要讀書，世間萬事都能學、人人具備這個本能。生命充實了、遺憾減少，不僅面對困難，對死亡也不會那麼害怕了。」枡野俊明長年深思坐禪，身上有一股充沛的能量，鏡片後的眼神溫煦堅定。凡與老人有關的負面話題，例如「下流老人」、「老後破產」、「孤獨死」，他都不以爲然，認爲是媒體在煽風點火。

學習，能讓人的生命飽滿。

透過實證，枡野堅信維持適度的忙碌，可以祛除煩惱心。

爲善盡住持的責任，現在的他依然每天凌晨四點三十分起床，打掃坐禪思索一刻不停歇。爲了維持寺院的開銷，後山有一大片墓地要打理、庵堂內的造園設計事務所也不得空閒。另外還得上電視、演講、教書、寫書、會客、說法……，忙得不可開交，「連坐禪的時間都被迫縮短，沒時間煩惱呢。」說到這裡，有點羞赧的住持，舉手搔了搔光溜溜的頭頂。

枯木龍吟炭雨落

「看得更深更遠的靈魂知道，它朝向更好的事出發。」是西方古代哲學家西賽羅的名言。相對地，東方禪語裡也有推崇老人智慧的話語，例如「枯木龍吟」和「炭雨落」。曾經青翠壯挺的樹木朽萎了，但是被風一吹，依舊能發出龍吼似兇猛的聲音，這是枯高。「枯高」有擅長對付磨難的意思。「枯高」不是失去生命力，是暗喻人的精神經過歲月淬礪而愈堅忍。老松的姿態有著年輕松樹沒有的凜然。

炭雨落。雨落（あめおち，ameochi）意指一種在地面聚水處的石頭。鋪在地上用來吸收透過排水管從屋簷流下的雨滴，以炭替代石頭是名炭雨落。日本茶道三大流派之一武者小路千家，在他們的茶室「官休庵」裡，利用炭當雨落用。用這種燃料替代石頭吸收水分的結果，有益周圍植物的生長，對環保有加分效果。

取代石頭的炭勤奮地吸收落雨，成為有用的材料澤被萬物。這種依靠特質增幅自身與他物效益的表現，是一種正面能量。活過漫長歲月的老人透過人生經驗，擴大視野、增幅生命的厚度，老而不衰，對年輕人有啟發作用。枡野俊明的父親枡野信步和恩師齋藤勝雄，就是他心目中的典範人物。

枡野信步是個本分又努力的僧侶。他把家廟當做家業，一生鞠躬盡瘁。「除草調清境，是八十七年。惟為建功盡，信步靜安禪」是其遺偈。齋藤勝雄則是名聞遐邇的造庭師。在東京大學教授造庭的理論與實務，著述豐富，曾獲邀在紐約、舊金山的萬國博覽會造景，備受國際景仰。枡野讀高中時，因爲家中的寺院建築需要整修，特地邀請齋藤前來指導。耳濡目染之下，也從此和造庭藝術結下不解之緣。

透過造庭體悟禪，是在小學五年級隨父母赴京都旅行時。在那趟旅行中，年幼的枡野第一次見識到龍安寺的枯山水石庭。象徵高山的幾顆石頭在受限的四方形空間裡，被不經意地擺設在有大海意象的白色沙石上。「那麼地簡素又不平凡！」如被當頭棒喝似地，矇懂稚嫩的心靈刹那開悟：「啊，不著痕跡地作工是禪的本質呀。」

你先走，我隨後就到

禪語裡的作工，有刻意地努力的意思。「很多事情都是在你努力地付出、實際做了以後才會變得愈好愈有緣。有緣了，事情自然地會持續下去。不要太計算得失或憂慮是否有緣。很多時候，和自己眞正有緣的事，一開始你不一定知道。隨時間推移，慢慢地會知道自己的選擇沒有錯。」

這一段行雲流水的話，彷彿在說明自己毫無違和感地繼承家業的由來。枡野俊明的父親枡野信步是建功寺第十七代住持，枡野俊明是第十八代。他已婚、有三個孩子。日本僧侶可以娶妻生子是明治五（一八七二）年政府公開的決定。不過創立於十二世紀的淨土眞宗早就這麼做了。

二十六歲那年枡野進曹洞宗大本山總持寺修行，過程艱辛。天沒亮就得起床，參禪、讀經、打掃、勞動，沒有喘息的時間，也常無法飽腹。當時的米糧多是米粥配醬瓜或麥飯搭味噌湯。修行僧容易營養失調、罹患腳氣的原因在此，他當然也不例外。只不過，勞其筋骨終能培養堅毅的身心，成就大事。他的庭園創作享譽國內外，不僅受日本外交部表揚，也曾獲加拿大、德國頒贈勳章。二〇〇六年，美國新聞週刊評選他爲「世界最尊敬的一百位日本人」。

隨年紀增長，閱歷豐富的人生經驗提升了美學境界。枡野俊明多才多藝，是造庭師、作家、教授，也要經營道場。這位被世界尊敬的日本人曾在一篇散文中提及，自己可以從冷硬無奇的石頭感知豐富的感情。「石頭也是有表情的。透過不同的方向和角度，你可以讀到它時而激烈時而安靜、時而野性時而溫柔。只有石頭和白沙的禪庭，再加少許青苔，竟成一個簡單深奧的小宇宙。」

採訪當天，在寺內中庭巧遇喪事。身著黑色服裝的

書紀錄了作者不吝開陳的經驗和知識。

家屬肅靜地手捧骨灰罈，魚貫地步入本堂。這是寺院常見的風景。爲往生者主持喪禮、唸經超渡、臨終安撫都是要務。在臨終前信衆枕邊，枡野最常對著他們講的話是「你先走，我隨後就到」、「淨土是大家嚮往的地方，一點也不可怕。你先過去等我」、「彼岸見」。……日薄西山，我們一起下山吧，不僅源自高度的同理情。肉身的死亡成就涅槃，無生亦無滅。除了長年錘鍊的佛教觀，六十九歲的他坦承，有一部分是有感於自己的生物學年齡。

採訪結束、起身辭別。住持照例在中庭目送。但見他雙手插在胸前小褂內笑逐顏開，一派自在。步出山門，無意瞥見門外牆上的禪語是「心外無別法」。

站在庭中目送，枡野俊明笑逐顏開。

新長壽時代的黎明

“

從一九六〇年代開始，本州最北端的青森縣因平均壽命和健康壽命經常敬陪全國末座，被譏爲短命縣。清貧之縣命薄如紙，爲禦寒鹽吃太多是宿命。短命的封號猶如風車，唐吉軻德青森縣舉全縣之力搏鬥，透過實施了十八年的「岩木千人健檢活動」稍微扳回頹勢，寄望在下一個十年打趴風車，試以持續力爲全民健康帶來曙光。

”

第三章曾提及沖島島民爲突破醫療資源匱乏的困境，將注意力轉向勤於平日養生，希望沒有醫生在旁也能平靜離世。事實上，日本預防醫療的起源和啟發源自缺乏資源的窮鄉僻壤，是現實上的需求，有活生生的實例爲證。

從一九六〇年代開始，本州最北端的青森縣因平均壽命和健康壽命經常敬陪全國末座，被譏爲短命縣。清貧之縣命薄如紙，爲禦寒鹽吃太多是宿命。短命的封號猶如風車，唐吉軻德青森縣舉全縣之力搏鬥，透過實施了十八年的「岩木千人健檢活動」稍微扳回頹勢，寄望在下一個十年打趴風車，試以持續力爲全民健康帶來曙光。

一九四四年設立的佐久綜合醫院（長野縣佐久市臼田）有預防醫學．醫療先鋒之譽，創辦人若月俊一醫生（一九一〇至二〇〇六年）有「農村醫學之父」之稱。他高舉醫療爲民衆存在的旗幟進駐貧窮農村，在稻田裡爲農民把脈、和農民一起示威、在農地舉行國際醫學論壇，首將預防和健康管理列入行醫規則，在半世紀前即知預防醫療將成顯學。

「在長壽時代要有新思維。日本國民的生活習慣病導致醫療的支出龐大。除弊不如興利。在預防醫療上使力是便捷的方法。」原經濟產業省官員江崎禎英也舉雙手贊成。

近年，由於新冠肺炎流行病、少子．高齡化趨勢，促使全球提高對醫療議題的關心。其中健康照護（HealthCare，含預防醫療・醫學、新藥研發、醫療、診斷・監測）產業在全球興起，加入大健康產業是新生力軍。尤其爲了讓高齡者活得老又硬朗，「上醫治未病」的預防醫療重被評價，不僅地方城市、醫院、政府・政府官員，連製藥公司也紛紛投入。有意透過科學在長壽領域貢獻己力，爲長照注入希望。

以健檢終結短命：日本蘋果鄉青森縣的悲願

青森縣縣民幾乎人人擁有健康意識，一心一意想撕掉短命縣的標籤。渴望無疾而終的強烈動機，與一九六〇年代被封爲「短命縣」有關。該縣男女的平均壽命和健康壽命從一九六〇代開始就在全國殿後，持續到一九七〇、八〇年代不見改善。一九七五年以後，男性連續九次、女性（一九九五年後）連續五次最後一名。二〇一五年，男性平均壽命七十八．六歲，和排名第一滋賀縣的八十一．七歲，短差了三歲。不僅如此，中壯年者（三十至五十九歲）的死亡率居全國之冠，有七成是罹癌、心肌梗塞和中風。

「岩木健康促進計畫千人健診」從二〇〇五年開始實施迄今，十八年來有兩萬名以上岩木地區（弘前市）的健康者、亞健康者（二十歲以上）參加。健診後累積多達兩千多項目的大數據，被用來做預防虛弱、失智症和生活習慣病所用。因異於一般採自罹病者的數據，使得東京大學、京都大學等四十多家高等學府，以及全國企業登門造訪。而以青森縣爲始的健檢活動也逐漸成爲全國性活動，對預防醫療的普及有推波助瀾之功。

持續且徹底地實踐預防重於治療的信念，結果與健康常勝軍長野縣相比，目前兩縣男女的平均壽命從二〇一〇年差距二・七歲，到二〇一五年縮短爲二・四歲。「兩者間的距離短縮〇・三歲。雖然差距細微，但表示號召青森縣全民投入健康運動的做法，正朝著正確的方向前進。」中路重之欣慰地表示。中路重之是千人健診總負責人也是醫生。

嗜鹽如命風土病

青森縣短命的原因之一是風土病。「每天吃顆蘋果，遠離醫生」是歐洲名言。暗喻蘋果是提高人體免疫力的好水果。日本國內有一半蘋果來自青森，碩大味甜的青森蘋果也揚名海內外。盛產營養好水果的縣卻縣民短壽，這是怎麼回事？「縣民的疾病和生活習慣有關。鹽吃得太多是原因之一。」浦田浩美從氣候風土切入。她是青森縣的首都青森市政府保健部部長。

青森縣是日本唯一同時鄰近日本海和太平洋的縣。接近日本海的西部受季風影響，降雪量大，青森市常降豪雪；臨太

青森蘋果。

平洋的東部易受寒流影響，出現冷夏現象，在古代常鬧飢荒。由於夏短冬長，一年約三分之一生活在深雪覆蓋下，一月的溫度降至零下五．五度。氣候寒凍造成住民嗜鹽成命。鹽能維持人的體溫，食材在醃製後長期保存是傳統的生活習慣。鹽分攝取過量易罹患高血壓，血壓太高會中風。

中風是青森縣的風土病也是宿命。「當然，喝酒、抽煙、運動不足、不習慣做健檢都會罹患生活習慣病。」浦田浩美補充道。青森市政府保健部的人封浦田爲「永不斷念的女人」。在地人又是保健部長的她，視解除污名爲己任。兩度拜訪青森市都是浦田率衆接待，見到中路重之醫生、市議員山本武朝、弘保健所所長野村由美子、健康推進課課長柴田一史、健康壽命對策室室長佐佐木正幸、保健師山內敏子（山內とし子）等人。中路醫生當時是弘前大學特聘教授，現在是副校長。

步入不惑之年的中路重之教授，使命感依然很強。

第一次和浦田浩美長見面，就對她滔滔不絕的口頭報告印象深刻。可能太熟悉健康議題了，講話幾乎沒有句點，也不容易打斷提問。她透露，「終結短命縣」是青森縣民共同的悲願。當時參選縣長候選人的競選口號也一致是「青森縣民ＰＰＫ！」（ピンピンコロリ、PinPinKorori，無疾而終的意思）。海報裡，三村申吾縣長率領四十名市鎮村官員握拳吶喊：「不准你再叫我們短命縣！」短命縣的挫折猶如風車，唐吉軻德青森縣舉劍奮戰，而岩木千人健檢活動就是他手中那把寶劍。初次和中路醫生見面就在大學研究室裡，弘前大學是主辦單位。當天，由浦田部長率隊加上保健部成員三人，我們合計五人正襟危坐地足足聽醫生開講一個多小時。柴田一史、佐佐木正幸、山內敏子想來已聆訓多次，表情稍覺無奈。

中路重之來自南國長崎，定居北國青森半世紀以上，熱血依然。他是二〇一八年若月俊一獎[1]得主。

之所以稱千人健檢主要是健檢一舉行就連續十天，每天平均接受一百人受診。二〇二二年已在六月四日至十三日辦過，由於新冠肺炎風波仍在，僅八百人受診，但比前兩年的五百人增加了。岩木町是個小鎮，人口一萬多人，現改名岩木地區，位在弘前大學所在地弘前市。

青森市前保健部部長浦田浩美說，生活習慣病也是風土病。

1 若月俊一：詳見「日本預防醫療的先鋒『酒』醫院」。

健檢是預防的序曲

實施健檢的持續力猶如丟入池塘的小石頭，接二連三引來大漣漪。從小鎮出發的活動引起中央注意，二〇二〇年勇奪內閣總理大臣獎（首相）、二〇一九年獲總務大臣獎（內政部）和文科部大臣獎（教育部）。二〇一三年因「實現了眞正的社會改革」，獲選教育部ＣＯＩ（Center of Innovation）十二個據點（現有二十二個據點）之一。同時吸引了國內以醫生爲首的研修員超過三千名，兩百五十家企業因仿效舉辦被認定爲健康經營。名聲遠播，京都的長壽地區丹後、本州以外的沖繩縣，連海外的越南海防市也前來取經，後來有兩家日系企業也在當地辦了健檢。

弘前大學設立了「ＣＯＩ據點中

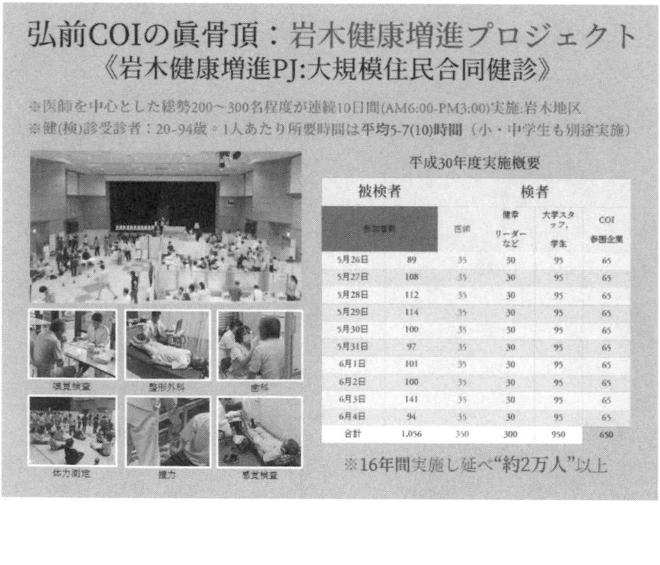
弘前COIの眞骨頂：岩木健康増進プロジェクト
《岩木健康増進PJ:大規模住民合同健診》
※医師を中心とした総勢200～300名程度が連続10日間(AM6:00-PM3:00)実施:岩木地区
※健(検)診受診者：20-94歳。1人あたり所要時間は平均5-7(10)時間（小・中学生も別途実施）
整形外科
歯科
体力測定
握力
平成30年度実施概要
※16年間実施し延べ“約2万人”以上

被検者		検者			
		医師	健幸リーダーなど	大学スタッフ，学生	COI参画企業
5月26日	89	35	30	95	65
5月27日	108	35	30	95	65
5月28日	112	35	30	95	65
5月29日	114	35	30	95	65
5月30日	100	35	30	95	65
5月31日	97	35	30	95	65
6月1日	101	35	30	95	65
6月2日	100	35	30	95	65
6月3日	141	35	30	95	65
6月4日	94	35	30	95	65
合計	1,056	350	300	950	650

岩木千人健檢。（中路重之提供）

心」，據點長是中路醫生。兩年前，轉守爲攻，派員走出去，先赴東南亞的越南、緬甸傳授簡稱「ＣＥＨＣ」（Comperensive&Educatiomal Health Check）的綜合健康教育檢查要訣。ＣＯＩ據點的標誌是一個五色五角形，上面搭配一片綠葉。顏色代表不同的協力夥伴，紅色是大學、黃色是企業、淺藍是自治體、深藍是地域、粉紅是住民，綠葉代表改革和未來。五個顏色像一道彩虹，懸掛在青森縣的天空。

五個臭皮匠合成一個諸葛亮。千人健檢後來不僅發展爲社區營造的一環、推廣至全縣，成爲全國競相仿效的活動，未來也準備將「青森式ＣＥＨＣ」」傳佈全球。這個發展，連七十一歲的中路重之也始料未及。「這是一種ＱＵＬ（Quality of Life）啟發型健檢。在日本，爲提升生活品質而做的大規模健康調查原來是不多的。我們從中獲得的大數據也相當珍貴。」中路醫生自信滿滿。他繼續說道，健檢也創造了商機。弘前大學醫學系在二〇一八年成立「健康未來改革中心」，致力開發與健檢有關的服務和商品。例如針對健檢受診者製作追蹤小冊，透過實證數據作爲開發時參考，自成一種商業的模式。二〇二二年，二十多家健康產業（花王、獅王、衛采、資生堂、大正製藥等）參與健檢活動，派員工前來觀摩。這些企業多與弘前大學締結合作關係。

所謂ＱＵＬ啟發型健檢有三個特色：健檢結果當天知會、現場實施健康教育、事後積極追蹤。健檢是綜合性檢查。首先醫生問診，以受診者自塡長達十五頁的問卷調查爲準詢問。一般內科健診（代謝問題等）上外加行動健診（骨質密度、體力檢測）、口腔內檢查（蛀牙、牙周病、口腔淸潔）、憂鬱症・失智症。也有獨特的項目，例如把手掌置放在有感應器的機器上，透過拇指與食指間的肌肉測知肌肉裡的色素量有多少，以了解蔬菜攝取量；將單腳或雙腳踏在約十至四十公分寬的四個台上，檢測腹部裡的脂肪；利用特殊照相機拍攝步行一百公尺的模樣，以了解步行的速度和歲數。也可以根據個人意願，要求做膝蓋核磁共振檢測、血壓脈波。血壓脈波是爲了解動脈硬化的程度，讓受診者仰躺後在手腳處偵測血壓和動脈血液流動的速度等。項目少則二十多項、多則七十幾項。受診者需到四十多個攤位報到，時間二至四小時不等。

保健師的憂慮

受診者在檢查後幾小時就可以拿到報告。健康有狀況的人當場留下，接受義工醫師們授課，健康素養當場培育。「判斷健康與否的關鍵人物是本人。每一個人都要有正確的知識才行。」醫生們苦口婆心。專家在健檢現場進行意識改革的做法並不常見，醫護人員的熱情主動也感染了住民，重複參加健檢的人很多。「難得的是，健檢現場一團和氣，笑聲不斷。這是一般健檢看不到的光景。」保健師山內敏子透露。

健檢後的追蹤毫不放鬆。受診者隨後長達半年，每隔兩週會收到一記載健康指示、專欄文章的小冊子。而且需定期回覆健康數值、行動變化與生活改善狀況。這些資訊不僅留待下回健檢參考，也製作成普及版小冊發行，不敢「油断」。「油断は大敵」是日本慣用語，意謂粗心會害死人。事實上，QUL啟發型健檢是在遵守國際標準化的流程下進行，加上青森縣特有的檢測項目和數據，而醫護人員和受診者都認眞地將相關資訊當做珍貴的功課和參考資料。山內敏子的主要工作就是分析這些資料、主動傾聽民眾心聲。

保健師山內敏子自己也是個母親。她擔心縣內有孩子的女性壓力大，煙抽太多。

透過個人的經驗她從中獲知，青森縣男女的情緒普遍低落、二十歲至四十歲的男女肥胖者居多、六十歲以下男女的體力不佳、五十歲以下男女抽煙的比例偏高（尤其是有孩子的女性因養育問題壓力更大）、許多男性每天飲酒三合（相當〇．五四公升）以上、男女有運動習慣的比例很低、男女的飲食習慣都有問題（不吃早餐、過量攝取鹽分）、五十歲以上男女的牙齒數目過少等。

歸根結抵，青森縣肥胖者多、自殺比例和抽煙率都居全國上位。靠天吃飯從事農業者衆，經濟能力低弱是致命傷。居民年收入二百四十七萬六千日圓，和平均壽命經常名列前茅的滋賀縣（三百二十七萬三千日圓）相比，遜色許多。

工作機會受限加上嚴酷的氣候，縣民曾在二〇〇五至二〇〇八年之間演出大出走。二十歲到二十四歲的年輕人赴外縣市就職者高達百分之六十・七。一九七〇年代，終年受強風吹襲的津輕海峽一帶，單僅外出打工者就超過八萬人。低所得和離鄉的壓力，也是縣民嗜酒、好煙等不良習慣的誘因，最終與自殺連結。忍耐力強的縣民不愛求診問醫、醫生嚴重不足等，都是雪上加霜的難題。

津輕海峽曙光乍現

出身青森縣的作家太宰治（一九〇九至一九四八年）是自殺達人。喜歡日本文藝的台灣文青也很熟悉。這位作家吸毒、濫交、自殺樣樣來，最後在四度自殺未遂、三十八歲那年成功自絕。頽廢虛無卻忠於自我，遺留下的經典成爲青森縣特產。

這個特產讓縣民驕傲也感傷。但自殺與短命不是全貌。和其他地處偏僻的地方縣一樣，青森也有其亮點。青森縣的地形宛如一隻展翅的鶴，東西狹長、面積壯闊，佔地一萬多公頃的山毛櫸原始森林是世界遺產。縣名因自天空俯視地面綠意綿延而來。三味線（三絃琴）、溫泉、弘前城、夏季睡魔祭典、津輕海峽都是名產。

「津輕海峽・冬景色」是卡拉ＯＫ首選日本歌謠，東北地方老一輩的人幾乎人人會哼上兩句。「從上野出發的夜行列車走下，青森車站籠罩在冰雪之中。北歸的人群沈默不語，側耳聆聽海浪拍打聲。我也孤單地搭上渡輪，逕自遙望凍得顫抖的海鷗，啊，津輕海峽寒冬景色……。」津輕海峽介於太平洋與日本海之間，處於兩個海洋的交界位置招來種類繁多的魚群，分布於地面的動植物群也豐富多樣。另一方面，一九八八年開通、號稱世界最長的青函海底隧道（五十三・八五公里）列車從這裡出發，將本州和北海道連結起來，猶如一座海底橋樑。

從岩木領頭擴及全縣的健康啓蒙教育，迄今仍如火如荼地進行中。啟蒙教育除健檢以外分五個步驟（含家長在內的中小學健康教育、鼓勵冬季戶外運動、推展上班族健康便當、舉辦低鹽健康飲食比賽、爲企業員工開發「健康物語」軟體等）逐步在各行各業、各個世代中推展。以中小學健康教育爲例，先以黑石市立中鄉小學的六十名六年級生做實驗對象，分五次實施四十分鐘的課程。第二年弘前市再與周邊六個市・鎮・村聯手，派出弘前大學教育學系和醫學研究系師生赴平川市猿賀小學授課，聽說最近已增至十一所中小學。以合縱連橫的方式循序漸進，從幼苗著手的健康教育最後希望及於全縣四百多所中小學。

「孩子們吸收了健康知識後，回到家會跟爸媽分享。健康的話題多了，家長也被影響，開始動腦筋思索料理怎麼做吃起來才健康美味。」以中路重之醫生爲首的教育界顏色愈強，其他四個顏色也緊隨在後。根據當地的媒體東奧新聞最近報導，二〇二二年青森縣的一百歲老人首度超過八百人，有八百六十四人，比去年多出八十八人，是歷年來最多的一次。

是持續了十八年千人健檢的成果之一嗎？全民同心其力斷金。彷彿一隻急欲掙脫鐐銬的鶴，青森縣渴望破解短命魔咒似見曙光。

日本預防醫療的先鋒「酒」醫院

「醫療爲了民衆而存在。」是佐久綜合醫院貫徹至今的理念。

創院院長若月俊一是外科醫生、社會主義者。

一九四五，三十五歲那年，他從東京遷至偏鄉佐久行醫，在與前來問診的農民接觸後發覺風土與潛在疾病有關，例如居家溫度與疾病的關係、耕作導致手指腫脹、變形等，因此決定走入現場，徹底地了解環境，並主張要預防疾病必先實踐健康檢查。

根據佐久醫院院史記載，若月醫生率領醫療團隊從第一站八穗村（與佐久町合併，現在是佐久穗町）出發，再將足跡伸展至其他村鎮。當時，醫護人員坐在牛車上，穿梭於田埂小道，在稻田裡替農民測量血壓、檢查手足……。生活窘迫的農民無以爲報，只好以日本酒

舊佐久醫院內，農民永遠的朋友若月俊一醫生的銅像。

sake酬謝。sake和地名Saku（佐久）接近，取諧音，酒醫院成了佐久醫院的綽號，流傳至今。

與當地農民打成一片，親民的醫護人員年終無休。平日聽診器不離身，必要時也扛起鋤頭與農民一起挺身對抗政府顢頇的法令。與農民聚餐時更暢懷豪飲、酩酊大醉毫不遮掩。爲了宣導醫藥常識不惜粉墨登場演野台戲……。種種行止徹底地顚覆了白衣使者嚴肅的形象。

萬歲！楤木芽餐會

迄今爲止，醫民同歡的敦親睦鄰會「楤木芽餐會」仍持續舉行。在一個春意盎然的五月，我有幸參加，眞正體驗到什麼叫醫民同心。

那次的楤木芽會上，我被分配在一號桌。透過座位表配置圖知道，同桌的有醫院事務長、藥劑部長、地域健康管理科長、實習醫生、看護師、衛生指導員、地方公務員。前後任院長也出席了，全場近一百人。

第一道端出來的是楤木芽炸物。楤木芽是一種從尖刺中冒出的植物，有活血除濕的功效。嫩芽做成料理脆嫩味鮮，帶點野味。酒過三巡，酒酣耳熱，只見現任院長伊澤敏率先舉杯喊話：「我們不是Saku（佐久），Sake（酒）醫院。別浪得虛名，呼乾啦！」全場一舉飲盡杯中酒。接著從座位站起來的是名譽院長夏川周介，他高喊三聲「萬歲」全體唱和，吵熱了現場。這時階級輩份全拋，人與人之間沒有了距離。

零距離，是這家地方醫院的本色。與居民零距離、患者零距離、醫療・學術零距離（望月俊一院長的時代曾舉辦國際農村醫學會）、與尖端醫療科技零距離……。連醫院所在地「臼田」都和宇宙零距離。臼田的別稱是「星星故鄉」，原因有兩個。

臼田有座龍岡城五稜郭城址（十九世紀建造的五角星狀城堡），以及爲觀測哈雷彗星而在一九九六年開館的臼田天文台。位於內陸，早晚溫差變化極大，年平均溫度十度。但由於地勢偏高，空氣清澄，夜晚的星空顯得特別璀璨。

現任院長伊澤敏是精神科醫師，楤木芽餐會當天，他身著深黑西裝，內裡搭配白色無領前釦襯衫，像個

佐久綜合醫院前院長夏川周介帶頭喊「萬歲！」。

桌上的炸楤木芽早已一掃而空。

藝術家。「讓精神科醫生當院長的醫院不多。」他的開場白告示了這家醫院與眾不同。「佐久醫院現在是日本預防醫療和居家醫療的指標。第一任院長若月俊一醫生的功勞很大。」

若月俊一有「農村醫學之父」之稱，在一九八二年獲政府頒贈勳二等旭日重光章。銅像矗立在舊佐久醫院中庭多年，其與弱勢站在同一陣線的創院精神延續至今，「與農民共生」幾個字迄今仍印在每一個醫院員工的識別證上。

「ＪＡ長野厚生連佐久綜合醫院」是佐久醫院的全名。這是一家農會辦的醫院，ＪＡ是Japan Agricultural Cooperatives（日本農業合作社）之意，厚生連則是「福利連和會」的簡稱。目前日本擁有這種抬頭的醫院有一百多家、診所六十家。

若月俊一言行一致。曾與地方政府、農民並肩攜手與政府抗爭。一九五八年，日本政府擅自單方修訂國民健康法，更改醫療費徵收制度，漠視民眾需求，引爆民怨。

佐久綜合醫院院長伊澤敏說，醫院讓精神科醫生當院長的醫院不多。

和農民一起上街頭

在修法以前，看診的民眾如果手頭上的現金不足，可以商請村、鎮等機構代墊，事後民眾再自行補匯費用即可。修法後規定，看診前一定要付清現款。當時長野縣農民的主要收入來源是種稻、養蠶，通常是收成後的八月和年底才有收入。萬一在這兩段時間以外生病了，根本沒錢可付。

政府擬的法規不接地氣，若月俊一醫生揭竿抗議，偕同地方政府、農民發動反對運動走上街頭，但革命最後沒有成功。不過冰冷的現實反倒激發了熱情，他破釜沈舟地重新改寫行醫規則，擬出診療「五三二制」。亦即將十分的力量分成五分放在住院、三分門診、兩分實踐預防與健康管理，等於在半世紀以前就將預防醫療轉爲顯學。

目前，佐久市人口不及十萬，務農人數也降至百分之十以下。但一般市民、患者和醫護人員關懷弱勢的觀念已根深蒂固。醫院也在長期踏實地耕耘之下，其醫療服務遍及七個地方，另成立其他兩家醫院（佐久醫療中心、小海分院）、一個診所、兩家老人保健設施、七個看護站，以及農村保健研修中心、農村醫學研究所和一家看護學校。

還有許多全國第一的頭銜：一九四五年實踐巡迴出診；一九四七年舉行醫院祭典，與民同歡，同時是第一家供應餐點的醫院；一九五九年在各村莊落實健康管理；

一九六一年開設農村醫學和夏季大學講座，透過講座表演話劇，宣導醫學常識，在醫療行爲中導入文化；一九六九年舉辦國際農村醫學會，實踐醫療與研究並重；一九七二年展開全縣團體健康篩檢活動；一九七四年，及早設立精神科部門；一九八七年是全國老人保健機構的模範；一九九四年，新設地域醫療部，成立「地域照護」科；一九九七年，八十七歲的若月俊一注意到高齡化帶來「失智」後遺症的問題，堅信失智可以預防，將見解集結成書，出版了《預防失智從五十歲開始》（暫譯。《五十歳からボケとたたかう》，一九九七）。

近年，基於地域人口遞減，加上臼田高速公路開通，醫院和地方人士開始絞盡腦汁一起策劃如何吸引東京的民衆（車程約九十分鐘）前來利用佐久醫院。對於如何突破地域限制成爲全國性醫院充滿期待。

事實上，佐久醫院早已是長野縣的地標，其存在爲長野這個長壽健康縣加分不少。二〇一五年日本全國男女平均壽命中，長野縣女性勇奪冠軍（八十七歲）、男性亞軍（八十一歲）。佐久醫院的聲名遠播，韓國、台灣等居家醫療、醫護教育界有所耳聞，交流頻繁。

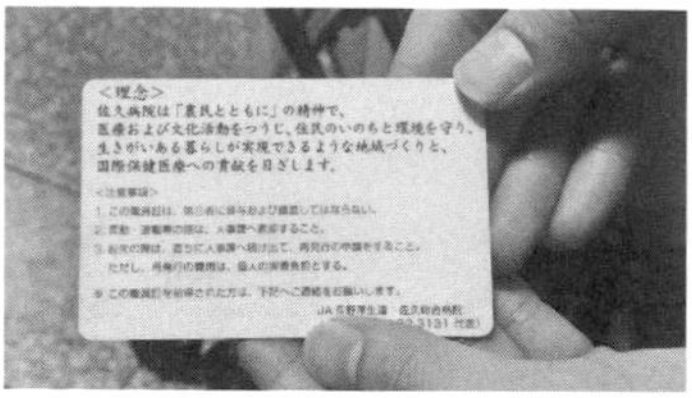

佐久綜合醫院的職員證及醫院的理念。

佐久醫院的診療部部長北澤彰浩數度訪台。在樬木芽會上與他初次見面。「呀，好想念台灣！」北澤醫生開門見山地說道。接著，熱心地建議我七月應該再來一趟，親身體驗已有半世紀以上歷史的夏季大學講座。「夏季大學講座是什麼？」「來看我們的白衣使者表演話劇呀！」北澤睜圓眼睛，表情生動地笑答。

醫護人員粉墨登場演話劇，是夏季大學講座的賣點之一。從農村社會時代開始，醫護人員就在巡迴農村之際，透過肢體表演、深入淺出的台詞灌輸醫學常識，農民的健康意識、治療效果也在無形中提升了。戲劇表演的傳統持續至今迄。新世代的表演愈誇張也愈滑稽。動漫裡的麵包超人、哆啦A夢或十八世紀江戶時代的武士都被扮演過，現代醫療的夯話題，醫療健保卡、照護保險、失智與保健、社區整體照顧體系、AI醫療等都成爲話劇的主題。台上卯勁熱演，台下笑成一團，醫療、長照不高調，醫民之間的距離更近，地方上的向心力得以凝聚。

醫療為民眾存在

醫院的經營方針被持續地遵循與實踐，需有強固的凝聚力，有人一脈傳承。名譽院長夏川周介是其中的人物之一。來自滋賀縣的他已在醫院服務了五十多年。「可能也逃不掉了吧。」這名外科醫生幽默地說道。他透露，第一代院長若月俊一提倡並實踐醫療民主化，用力極深，包括他自己在內，其他許多來自各地名校的年輕醫生們受到感召，紛紛誓願在此奉獻己力。

「保健、醫療與福祉齊頭並進，是民主化醫療的骨幹，也是二十一世紀所揭櫫的醫療目標。」民主化醫院的經營需與時俱進，少子．高齡化在地方城市尤其顯著。每一條人命都是珍貴的，老人生病了需要急救，這時急救醫療必須發揮作用。夏川醫生表示，地方城市的地廣人稀是急救醫療的阻力。

有鑑於此，佐久醫院率先引進急救直升機，終日停在新蓋的佐野醫療中心屋頂上，二十四小時待命。另爲了強化保健、及早預防老化，智慧醫療器材與高功能檢測用機器也不可或缺。

佐野醫院有一張縣內唯一的多功能智慧醫療床，用來發現及預防疾病並簡化看護流程。透過裝置在床下的感應器，不僅能管理和紀錄患者的脈搏、呼吸數，也可以感知患者的生命體徵（各種生理上的數值）。這些資訊被傳達至牆上的端末後，隨即以易懂的圖像顯示出來。

許多六十歲以上長者的關節容易發生障礙，爲防範未然，院方率先導入「體幹兩處步行動搖器」，把穿戴式機器裝在長者身上，讓其試著步行約十公尺。透過步行的姿勢，感應器能感知背部與腰部兩處體幹的功能，然後將顯示出來的數值和曲線交給

眺望得到八岳山的新佐久醫療中心。

職能治療師參考，達到預防保健的效果。

屋頂有直升機的佐久醫療中心，從舊佐久醫院出發需搭乘十分鐘接駁車。舊佐久醫院佔地遼闊，周圍一公里都適合散步，被譽爲森林裡的醫院。赴佐久醫療中心途中，透過接駁車的窗戶可以眺望到櫻花樹步道、公園裡的健身器具、吊單槓、飲水機和兒童保育所。

約十年前完成的佐久醫療中心嶄新明亮。走進玄關，迎面觸目的是仿當地名景八岳山所製作的雄偉雕刻。敞闊的大廳裡有圖書室、掛滿照片的畫廊。窗外五月的花草粉嫩，色彩繽紛的遠山含笑示人。

屋頂上的急救飛機

跟隨醫院的公關小姐拾階步上屋頂，機長齋藤紀夫和助手鹿野已等候在那裡。身著海藍色制服的兩人，一高一矮地站在白身紅邊急救飛機旁，醒目又帥氣。

急救直升飛機平均一天出勤一至兩次。長野縣僅佐

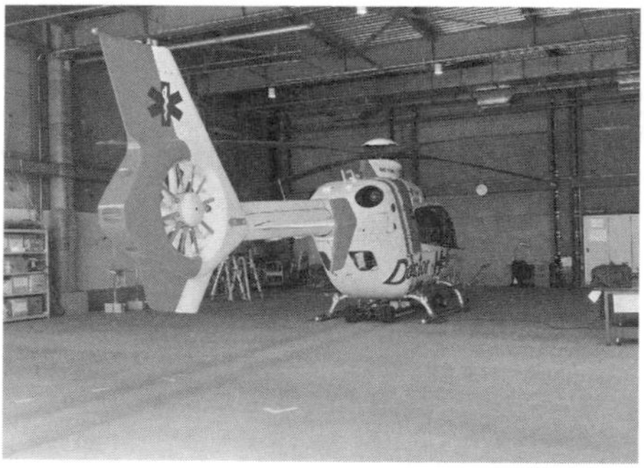

停在佐久醫療中心屋頂上的急救直升飛機。

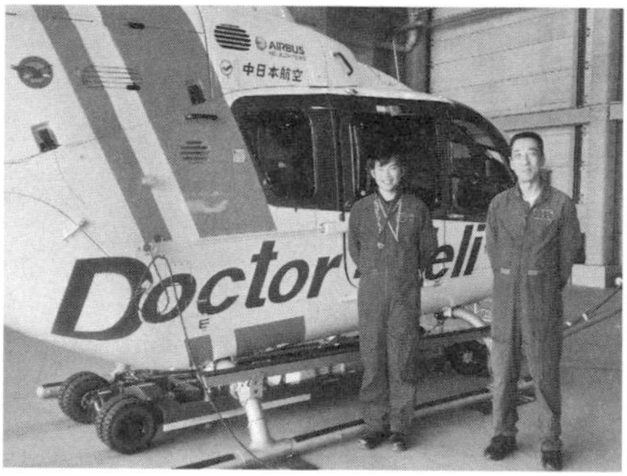

機長齋藤紀夫（右）和助手鹿野（左）。

久和信州大學附屬醫院有這種服務。「駕駛這種救援飛機，飛行經驗要滿兩千小時以上才行。」齋藤機長幽默地說道：「意思是說，機長一定要大叔才行。」說完，逕自笑了起來。

機長齋藤紀夫從事飛航工作近四十年。從第一線退休轉任醫療救援機師後，必須學習新事物，包括和無線電技師溝通、隨時隨地掌握患者與醫護人員的身心狀態、適時地吸收最新醫療常識等。患者以外醫生和護士也會隨行，「他們都是重要人物，所以操作飛機的時候，專注力要比一般直升機駕駛員更高才行。」

一旁的助手鹿野剛滿三十歲，但使命感不輸齋藤這個前輩，自覺做的事情很有意義。鹿野是機械師，負責整頓機內所有機器，首要任務是維護飛行的安全。從言語和態度得知，儘管兩名機師沒有直接參與醫療行爲，但都對二十四小時不打烊的辛苦任務很有感。

「即使是有限的生命，與城鎮之雜沓長久地糾葛，仍是我所願」。七十多年前，佐久醫院創辦人望月俊一自東京負笈偏鄉後，吟詠了這首詩。望月醫生透過身體力行，連結了土地與人的情感，形塑出獨特的生命風格，寫下一頁流傳後世的鄉野傳奇。

預防醫療在二十一世紀新長壽時代佔有一席之地，醫療機構佐久醫院居功不小。其作爲與視野對後世的日本製藥界和政府機構都有所啟發。

政府官員的作爲與江崎禎英

原經濟產業省（簡稱經產省，相當台灣的經濟部）官員江崎禎英在二〇一八到二〇二〇年期間是全民健康總舵手。經產省掌管日本國民的醫療與健康。

江崎禎英當時有三個職稱：經濟產業省政策統括調整官（兼）、厚生勞動醫政局統括調整官（兼）、內閣官房健康・醫療戰略室次長。他於二〇二〇年底辭去公職，翌年投入故鄉岐阜縣的縣長選舉。

日本經產省。

江崎禎英說，預防醫療可以改善生活習慣病。

儘管在通產省的時間不長，但他在政府機關多與健康．醫療接觸，累積了豐富的知識與實戰經驗。他及早著眼預防醫療，透過企業實踐的實績衆所週知。由於察知消費稅勢必隨高齡化繼續上漲，他果斷地提出建議：「除弊不如興利。日本國民的生活習慣病導致醫療的支出龐大，因此在預防醫療上使力是便捷的方法之一。」

二〇一九年厚生勞動省公布的「國民醫療費概況」數字顯示，醫療費較前一年成長二．三%，其中六十五歲以上的金額佔了總數一半以上。從二〇一五年度日本的醫科診療費（合計三十兆日圓）中得知，三分之一以上與生活習慣病（佔三十四．五%，包括高血壓、腦血管、糖尿病、心理疾患、癌症等）有關。其次是隨老化產生的疾病（佔十五．六%，關節、骨折、眼疾等），其他像精神．神經疾患（佔十．〇九%，例如阿茲海默）的比例也提高了。

從法規修訂開始

身爲經濟產業省官員，關心爲經濟打拼的企業員工健康理所當然。於是，在二〇一四年提倡「健康從企業的從業員做起」運動，啟發企業將員工的健康當做經營策略。不僅首倡企業的「健康經營品牌」，也選出「健康經營優良法人」予以表揚。爲了宣揚理念，他不辭辛勞，一年巡迴演講一百場以上。同時雷厲風行地修訂與醫療相關的法規，例如制定新再生醫療法規、更新個人資訊保護等。

健康經營優良法人的選評標準以ＥＳＧ（Environment、環境）（Social、社會）、（Governance、公司治理）爲標準。在參加甄選的大、中、小型企業中，選出「白色五百」（大型企業）和「明亮五百」（中小型企業）。公布後，參與甄選的企業年年增加，二〇二〇年計有兩千五百多家企業共襄盛舉，其中不乏上市公司。

以獲獎的「豐田通商」爲例。每一年讓員工定期接受健康診斷，帶來循環器疾患醫療費減少三十一・七%的成果。金融業龍頭「RICOH LEASING」，因制定新冠病毒感染特別休假制度而獲佳評。

爲了炒熱提倡企業健診活動，江崎親自拜訪大企業，協同醫生、總經理一起參與從業員健康檢查活動，全程參與包括測量腰圍、身高、體重、量血壓、測試活動量等在內的項目，最後由醫生和企業總經理親自將健康數值用 mail 寄出。

愛知縣一家企業參與健康檢查三個月後發現，員工的糖尿病數值顯著降低，有不少人的健康獲得改善。一個過胖的員工努力地瘦身後，一口氣掉了十公斤，「會不會

為企業戰士打造健康。經產省主辦「健康經營優良法人」看板。

瘦過頭了？」員工還擔心地問道。

熱愛運動的江崎禎英是合氣道六段高手，而且相信人可以活到一百二十歲，「台灣不是有句話嗎，呷嘎百二！妥善地保養、生活規律、飲食均衡、適度運動，是有可能的。」

他與台灣的關係良好，數度受邀訪台參加健康論壇和演講。著作《社會可以被改變：超高齡社會的處方箋》（《社会は変えられる：世界が憧れる日本へ》，二〇一八），從改革社會保障制度（Social insurance schemes）的觀點切入，討論疾病、高齡化、失業、勞動災害和照護等。

台灣可以避開失敗

他清楚地知道世界第一老的日本，有許多可供台灣參考的經驗，在一次受邀參加的台灣研討會中，語重心長地提示：「以日本的社會保險制度而言，它的

江崎禎英（左二）於 2019 年 8 月參加台灣健康論壇。其著作《社會是可以改變的》中文版已在台灣出版。

確走在台灣的前面。相對地，有一些失敗的政策，台灣可以避免。和台灣的健保一樣，日本也是全民保險。但是日本人口老化得太快，使得無論是老年醫療或照護費都會年年上漲。加上現有的法規已不合時宜，再不趕緊修訂，十年後的醫療給付一定會出現破綻。」

江崎曾被日本媒體稱爲「異色官僚」（另類之意），是改革派官員，行事明快、特立獨行。沒有做成醫生的他，常掛在嘴邊的是「那就做個替社會看診的公務員吧」。

出身公務員家庭的他，可能受爲國效力的家風影響，原想做醫生，後來改變志向，改替「社會把脈」。老家在岐阜縣的鄉下，是一個沒有醫生的小村。醫療資源匱乏的困窘他感同身受，醫療成爲終極的關心。爲了更有作爲，在二〇二一年投入地方選舉，希望自己的理想能接上地氣。競選縣長時，他擬了五個宣言，其中有三個和健康・醫療有關：「克服新冠病毒」、「人生一百年的幸福原型」、「健健康康地生活，是醫療與照護的目標」。

曾經的另類官僚即使離開官場仍不忘初衷。縣長選舉雖不如所願，最後敗北，但他毫無怯色。日本媒體報導裡的他看來精神飽滿、額頭發亮，合氣道黑帶的體魄和氣魄沒變，其未來的政治走向値得矚目。

改變明天的製藥公司安斯泰來

爲了支援新創公司針對健康照護產業開展全球活動，日本京都研究園區（Kyoto Research Park）最近才在京都主辦了一場大型活動，十五家來自全世界的新創企業當場發表事業計畫書。根據日本大型製藥公司安斯泰來（Astellas）前董事長畑中好彥（二〇二二年六月卸職）透露，這個募資活動不限於日本，美國的波士頓、舊金山、聖地牙哥和英國的劍橋等地已先後辦過。據悉，健康照護產業的全球規模將在二〇三〇年達五二五兆日圓，日本在二〇二五年達三十三兆日圓。

畑中好彥投身製藥界四十年以上，對健康照護產業的未來充滿期待。他表示，健康照護產業的定義隨時代改變，被服務者有一般民眾、患者，範圍已從對傷病預防、治療、康復擴展至出生前到死亡。健康照護市場中，當被服務者在選擇提供服務者（Healthcare

畑中好彥說，健康照護產業前景看好。

Player）時，也不限醫療・照護機構（醫院、診所、社區照護支援中心等）、藥局、製藥公司、醫療機器公司、健康檢查公司了。現在，連ＩＴ平台、大數據事業、遊戲軟體公司都能從中覓得商機。

業務出身的董事長

安斯泰來是日本第三大製藥企業（二〇二二年），營業額僅次於武田藥品工業和大塚控股。這個年營業額超過一兆日圓以上的製藥公司，有意成爲健康照護產業中一員，期許自己成爲新照護服務（Healthcare Services）公司。健康照護服務的商業模式是針對被服務者的需求，提供與健康相關的診斷、治療、照護服務和預防措施後，從中獲得報酬。

2022年日本第三大藥廠安斯泰來東京總公司，是一棟綠建築。（安斯泰來提供）

成立於二〇〇五年安斯泰來的公司口號是「改變明天」（Changing Tomorrow）。它有一個夢：實現全球健康夢。

初次拜訪安斯泰來是在二〇一九年。當時的營業額位居第二（第一是武田），畑中好彥是董事長。安斯泰來憑藉什麼想實現全球健康夢？其條件和策略是什麼？透過對畑中好彥的訪談和演講[2]或可窺知一二。

夏天下午的東京，陽光璀璨，微熱的空氣中有清甜的草木香。依約步入安斯泰來的玄關，公關已等候在前，一起搭電梯抵達會議室。不久，畑中好彥快步走進。眼前這位董事長清癯矍鑠，精神飽滿。雪白襯衫搭深藍粗斜紋領帶，深色西裝左口袋，微露出折疊方正的水藍手帕，時尚儒雅，有歐風派頭。銀灰間雜的頭髮梳理得很整齊，四方無框眼鏡後的眼神帶著笑意。

坐定後，他立刻從透明夾裡取出一疊資料，是準備回答提問的文件。重要部分用黃色螢光筆或紅筆劃出。畑中曾獲「公司治理」獎，二〇一一年因「視野開闊，能迅速地做出合宜的判斷」成為被拔擢為總經理的要因，二〇一八年成為董事長，也是日

---

2 詳見「為了下一個世代——淺談安斯泰來因應數位化時代的策略」。

本製藥工業協會會長，會員網羅了名列前茅的日本藥商，和台灣的關係也很友好。

畑中好彥原是門外漢。大學時代就讀經濟系，畢業後進藤澤製藥工業（一九八〇年）服務，從基層做起。經歷行銷、業務銷售、經營企劃等職務，一九九二至一九九五年派駐美國，拓展免疫藥劑的業務；一九九五至一九九六年派駐歐洲，建構產品銷售網。二〇〇六至二〇〇九年，二度赴美，成為美國市場負責人。

藥街上的藥祖神社

二〇二二年度，安斯泰來的營業額一兆二千九百六十二億日圓，較前年提高三．七%，排名全國第三，與排名第二的大塚控股僅差兩千多億日圓。另一方面，根據日本製藥Date Book資料顯示，在業界始終盤踞前三名的安斯泰來曾因兩度純利潤超越兩百多歲的老舖武田藥品工業（一七八一年創立），而為業界津津樂道。二〇一六年度純利潤二千一百八十億日圓，超越武田的一千一百五十億日圓；二〇一八度，再以營業收入二千四百三十九億，贏過武田的二千零四十九億日圓，顛覆了百年老店不敗的紀錄。

安斯泰來於二〇〇五年由山之內和藤澤兩家公司合併後成立。在經營方面，結合山之內的泌尿系統領域和藤澤的免疫與移植領域，持續地開發癌症新藥，成就了今日的業績。

其總部位於日本橋。日本橋是日本知名的藥街，有四百年歷史。歷經第一、二次世界大戰和一九二三年關東大地震，屹立不動。目前是日本醫療．生技公司的集中地，類似台北南港的生技園區，也是著名的觀光地景。

在日本醫藥界鼎鼎大名的藥祖神社座落於此，也是日本藥商的精神依靠與信仰所在。神社與神龕隱在橘紅高大的鳥居後面，羅列在兩旁的是石碑，碑上鐫刻著錚錚藥商名，安斯泰來、Eisai、第一三共、鹽野義、田邊三菱、小野製藥……。夏日的微風襲來，鳥居旁成串的彩繪風鈴叮叮噹噹，發出清亮的喧囂。

矗立在傳統與創新交會這塊土地上的安斯泰來總公司，其高聳的大樓是環保綠建築。因採用高效能的空調系統和感應式LED燈，CO_2的排放量比一般辦公大樓少四十%，海外的分公司也遵循節能減碳原則。

東京藥街上的藥祖神社，石碑上鐫刻著錚錚藥商名。

藥祖神社是製藥公司的信仰和精神支柱。

例如台灣安斯泰來的員工及其眷屬，歷年來，在歷任總經理的帶領下，利用假日外出各地植樹護林或認養茶園，對環境保護不遺餘力。爲了貫徹企業的社會責任，跟喜憨兒基金會密切合作，鼓勵同事們赴烘培工場做志工；長年捐贈白米幫助弱勢家庭；舉辦送愛到偏鄉的活動，致力宣導衛生教育。

進擊的星星

特別是以小學生爲對象宣導用藥知識的活動實施已久。像是與社企組織玩轉學校在各小學舉辦「對症下藥高峰會」，透過議題式遊戲教育學童安全用藥的觀念。二〇二一年十一月在內湖麗湖國小那一場，現任日籍總經理中根英仁也參加了。

台灣安斯泰來多次與社企組織合辦活動。二〇二一年，該公司第三度獲經濟部中小企業處頒發 Buying Power 服務採購獎，也是與玩轉學校通力合作的成果。前兩次獲獎是在二〇一八年和二〇一九年。一八年是契作有機藍鵲茶，並致力爲藍鵲茶園淨化溪水水質；一九

致力 CSR 不懈的台北安斯泰來總經理中根英仁（中間穿灰上衣、舉 V 字手勢者）和員工們。與社企一起帶領小朋友認識用藥安全教育。（台北安斯泰來提供）

年與喜憨兒一起推動偏鄉送餐。

其中，最不爲所知卻影響深遠的是資助醫學教育不遺餘力。「財團法人台灣安斯泰來醫學研究發展基金會」三十年來，贊助了三百名醫師、藥師、相關機構和科系的學子們赴日做短期研習進修。有些人後來成爲醫療界頭角崢嶸者。

Astellas是安斯泰來的英文名稱。由拉丁文的「星星」stella、希臘文aster和英文stellar組成，有「前瞻、胸懷大志」和「照亮明天」的含意，實踐企業的社會責任向來不落人後，「實現全球健康夢」也是其中之一。

東京安斯泰來的標誌有前瞻、胸懷大志的意涵。（安斯泰來提供）

人的壽命有平均壽命和健康壽命兩種。健康壽命的定義是毫無障礙地自立生活。根據厚生勞動省公開的數字，二〇二一年日本女性的健康壽是七十五・三八歲、男性七十二・六八歲。

日本能不能成爲老人模範國，爲全球的高齡健康做出貢獻？也是畑中好彥關注的問題。他表示，人的平均壽命和健康壽命兩者不能偏廢。隨老年社會到來，全球健康照護產業的市場規模也隨之擴大。根據日本再興戰略（第二次安倍內閣擬定的成長策略，於二〇一三年六月十四日由日本內閣會議決定）的調查，全球市場規模將從二〇二〇年的三一一兆日圓成長至二〇三〇年的五二五兆日圓。另根據日本經濟產業省評估，日本二〇一六年的健康照護產業規模約二十五兆日圓，二〇二五年將達三十三兆日圓。

新照護服務公司的條件

老有所養也有所用，是新長壽時代的終極理想。從長照的領域思考，爲了人的身體健康與生命保障而存在，安斯泰來期許自己能成爲提供新照護服務的一員，以行動實踐畑中好彥所云，「製藥公司原就是提供醫療．照護的主體之一。」

爲了完善長照，健全預防醫療，包括國家在內，政府機構、產業界、學術界和國民必須通力合作，而醫療與福祉制度也要跟上時代。「日本在這個大方向沒有錯。但是整合醫療數據也是當務之急。」畑中好彥從細部著眼：「畢竟有完整的數據分析，才能精準地預防疾病，爲個人提供有效的健康服務。」

與日本相較，台灣完整的醫療數據，讓畑中好彥讚不絕口。台灣是公認的全球醫療大數據（全民健保資料庫、癌症登記、國民健康調查，國家級人體生物資料庫整合平台等）最爲完整的國家之一。這一點要歸功全民健保制度。健保將全國資料歸納到單一資料庫中，累積了二十五年以上的歲月，保有超過兩千三百萬人的健康相關資料。

相對地，日本的醫療數據資料並不完整。其中有幾個原因，與日本的文化、人口和保險制度有關。日本的人口現有一億兩千多萬人，無論是健康診斷（含多次診斷、診斷後）、看病資料、健康照護、生活的資料和數據，數量都很龐大。而且因爲有五種社會保險，各保險的數據都被分開管理，格式不同、交換不易，加上國民重視個人情報，不願輕易提供。

「以醫療數據的完整性而言，台灣比日本進步，這讓我們很羨慕。不只醫療數據，在患者識別化方面也有一貫性，電子診療和用藥管理系統也都是共同擁有。眞的做得很好。」說到這裡，畑中頰邊的笑紋更深了。

對製藥公司而言，透過醫療數據，掌握隨老化而至的各種疾病，既可研發新藥也能防範未然，是長壽健康的關鍵根據。

研發是安斯泰來極重視的一環。據了解，無論臨床或非臨床，研發一種新藥的成本以一九七九年到二〇一四年爲例，已從一億三千八百萬美元提高至二十五億五千八百萬美元。

FF花之週五

在關鍵的經營策略上，安斯泰來選擇持續投入研發，不改初衷。另一方面，在管理方面與時俱進，依照外在環境與實際需求不畏懼改變。

畑中好彥擔任總經理的時代，爲了提高員工的工作效率，除了簡報一分鐘，也鼓勵「站立開會十分鐘」。他自己以身作則，有事要跟各部門同事協商時，儘量不召開會議，親自跑到各部門去，把人找齊後，用站的，十分鐘內開完會。而且儘可能減少國際（日本、歐洲、美國）視訊會議的次數，以紓解時差帶給與會者生心理壓力。

爲培養國際化多元人才，在薪制上打破平頭主義，對研發人員充分授權，並給予高薪。例如設立首席研究員制度，開放權限並讓其自訂計畫、自由地運用資源。同時設立專業研究員，給予一流研究員待遇。

「FF」管理方式更在業界引爲美談。FF有Family、Friendly、Friday的意思。在日本，週五是小週末，號稱「花之星期五」，是上班族的解放日。爲了讓員工的工作與生活獲得平衡，二〇〇九年四月，畑中率先推出週五提前一小時四十五分下班的制度，四點就讓員工收工回家，讓同業羨煞。

「這是爲了實現高生產力，解決員工在不同的人生階段可能遭遇的難題。例如女性員工結婚後產子，是步入不同的人生情境。針對這一點，我們在工作制度上就有必要調整，即時做出反應。」畑中如此說明。

具有高度同理心的管理，是讓他贏得公司治理美譽的要因。同理心需要想像力，常奠基於人文素養，張忠謀是台灣最常被提及的榜樣。日本的畑中也熱愛閱讀，最喜歡的書是司馬遼太郎《這個國家的樣子》（暫譯。《この国のかたち》，一九九三）。他認爲，書中統帥們的思考方式能活用在經商上，也讓他思考歷史帶給個人的影響。

他回想，一九九〇年代初被派駐美國。初次的異國體驗，讓他清楚地意識自己是日本人，與周圍的人不一樣卻又有所連結。「人，不是生存在無人的荒野當中，而是活在其他的民族、國家、社會、文化和歷史的脈絡中。」

退休後不是孤舟

這段異國體驗讓他深知，人與風土、國家和傳統的連結是一種宿命，無法違抗。但另一方面，根植傳統不能當做怯於創新的藉口。出身靜岡縣靜岡市的他是茶農的次子。基於家業由長子繼承的傳統，相對地次子就自由多了。從小被要求凡事自己做決定，「我想，張開眼睛向外看的習慣就是那時養成的吧。」

年輕時選讀經濟學，有著試圖透過經濟振衰起敝的張眼向外的企圖心；成熟期，感悟到要放眼寰宇需從日本出發。

二〇二二年六月二十日，年滿六十五歲的他從獻身四十二年的製藥業界急流勇退。六十五歲，也只是青老而已。提及退休後生活，他表示除了喜歡的散步和騎腳踏車以外，「閱讀、與人互動也是選項。」還期許自己：「這種悠哉的生活至少要能持續十五年。」

與人互動，是業務員出身他的最愛，也是長年工作養成的強項。「我經常思考，離開工作崗位後時間久了，很自然地一定會想和社會產生關聯。與社會有了連結，找到自己的位置以後，即使不在職場，也不至於感到孤單。」三年前的訪談中，他面帶微笑，平和地說道。

二〇二二年六月二十一日退休第一天，董事長在回覆我的信中寫道：「我感到自豪。爲了更好的下一個世代，我工作了很長一段時間，並據此與許多人建立了良好的關係。」不僅如此，人生觀更自由開闊了：「退休後，無需再從組織的立場思考，我可以更毫無偏見地看待任何事物。」

日本醫生作家渡邊淳一在小說《孤舟》（暫譯。《孤舟》，二〇一三）裡，描寫終生獻身企業的男子退休後，在家庭裡找不到位置，身心不著地，漂蕩無寄猶如孤舟一葉。想來，渴望與世界、社會、人群保持連結，習慣向外看的烟中絕不會是孤舟。

為了下一個世代。淺談安斯泰來因應數位化時代的策略

畑中好彥

透過先進的科技，為世人帶來健康和福利是安斯泰來的經營理念。針對數位化轉型、數位化健康照護產業和製藥產業環境變化，安斯泰來及早擬定了一些革新策略。

數位化技術的發展已勢不可擋。現代社會中，人與物能透過資訊網路自由地交流（IOT）；透過分析大量的資料產生新的價值（大數據）；透過演算法，可以讓機器學習，並做出超越人類的判斷（AI）。

因應數位化轉型之道

製藥業與IT企業積極合作的前景可期。以活用數據為例，為蒐集完整、高品質和多元的醫療資料，製藥業者將醫療大數據廣泛地活用在研究、開發、生產、市場調查、上市後管理、醫藥資訊和健康照護產業上。

在研究方面，探索新藥標的、做分子設計、評價藥理．藥物性，並對人的安全性、有效性做預測。針對患者個人健康、病後復原、臨床效率等，從事開發。在生產方面，則用來提高製造效率、庫存和品質管理。上市後可監控安全性，協助擬市場行銷企劃和策略等。

此外，也應用ＡＩ做分析、設計、測試和製造新藥。例如利用ＡＩ提高測試化合物特性的水準，做分子設計、自動化生物測試，讓機器人做新藥的自動合成等。

ＡＩ、大數據都是新創技術，能在疾病的預防和早期發現發揮功效，進而解決社會的問題。另一方面，與醫療數據有關的政策也隨之更動。數據的利用者與被利用者之間要取得共識，並予以法律規範。這一點，日本已逐步在規劃與實現中。

健康照護服務的產業前景大好。全球市場規模預估二〇三〇年，將達五二五兆日圓。主因之一是少子．高齡化社會來臨也促成觀念的改變。例如從治療．改善疾病為主的新藥開發，擴展至以早期發現．診斷疾病與預防．維持健康為主。

日本經團連（日本經濟團體聯合會）指出，日本已步向Society五．〇。從狩獵、農耕、工業、資訊社會，轉型到創造性社會。健康照護也從治癒疾病發展到預防與照護，重視個人化醫療，目的是延長人類健康生活的時間。

安斯泰來結合醫學、商業加上富於娛樂式的表現，活用有價值的數據，要為全球做出更大的貢獻。

健康照護產業數位化

現代社會因資訊取得容易，個人也開始注意自己的健康，個人也是消費者。個人消費興起，連帶地影響了醫療的商業模式，從以前傳統的集體醫療逐漸轉成重視個人化醫療，是一種新趨勢。

個人化醫療的新發展包括，了解個人基因與疾病的關係、預測未來可能罹患的疾病、重視保健，以及由個人掌握與自己相關的醫療與健康資訊。

因應個人化醫療趨勢，製藥公司在服務方面也推陳出新。以健康照護數據化為例，安斯泰來推出跨領域的商品與服務，在二〇一八年成立「Rx+Ⓡ事業創成部」，專門開發新的產品和服務。

Rx是prescription drug，處分箋之意。Rx+Ⓡ的意思是活用昔日在醫療用醫藥品所培育的能力，結合不同領域的技術與見識，開發新產品和新服務。

在健康保健的領域，為能親近使用者，使其樂意而持續地維護健康，安斯泰來和遊戲公司合作開發、運動和健康APP，在醫療保健遊戲化（Healthcare + Gamification）上也下了不少功夫。

在治療上，和企業合作開發管理糖尿病的手機APP、放置體內的小型醫療機器。這種機器能診斷並感測體內的組織與臟器狀態，透過電氣刺激神經和肌肉。

除了健康者，為防止亞健康者的健康惡化，安斯泰來活用數據＋神經生物學，在預防、增加醫療選項和穿戴裝置上，盡力提供更好的服務。例如活用個人的醫療資料，提高診斷時的準確度，做到預防發病和罹患重症。同時也提供多元的服務選項，讓無法利用目前醫療服務者有更多的選項，像老人、孕婦和小孩。提供這些人先進的穿戴裝置，以強化其身體與運動機能，發揮自由活動的能力。

積極地與學術界合作。由安斯泰來發揮商業長才，借重橫濱市立大學的醫學、東京藝術大學的遊戲娛樂、東京工業大學的健康照護能力，共同切磋研發。

我們也鼓勵員工多走外吸收見聞，和患者、醫療從事者、利益相關者接觸，以建立完整的社會網路。目的是為了更理解疾病、醫師和患者的需求，以制定新的治療選項和治療方針。

日本製藥環境發生變化

一九七〇年代以後，世界市場出現了約三千種新藥。製藥業針對癌症、感染疾病、罕見疾病、生活習慣不良引起的疾病等醫療需求，提供了許多新藥。一九八〇年到二〇〇〇年前半，更致力於糖尿病、心臟病和癌症的治療。特別是癌症。癌症的細胞變異是全球醫療共同面臨的難題。

近二十年來，日本的癌症患者成長了兩倍，一九九三年，日本癌症患者四十四．七萬人，二〇一五年則成長為九十．四萬人。另一方面，透過治療，患者的存活年限延長也是事實。根據日本國立癌症研究中心的數據，罹患各種癌症（乳癌、前列腺癌、胃癌、肺癌、大腸癌、惡性淋巴癌）後，存活五年以上的比例提高，整體從一九九〇年代的五十三％提高至二〇〇〇年代的六十二％。

但另一方面，全球製藥公司也同樣地面臨嚴峻的挑戰，例如開發新藥的成本提高，對藥物安全性的要求提高等。以研發新藥而言，不拘臨床或非臨床，研發一種新藥的成本以一九七九年到二〇一四年為例，臨床＋非臨床，所花費的成本合計從一億三千八百萬美元提高至二十五億五千八百萬美元。

用科學提升身心健康

生命科學是一門深奧複雜的學問。為致力探究這門學問，解決問題，日本、美國和歐盟都先後成立了與生命科學相關的機構。

日本在二〇一五年，成立國立研發法人日本醫療研究開發機構（ＡＭＥＤ），於二〇一九年投入一千二百七十一億日圓。為了因應超高齡化社會，AMED致力改善和促進醫療領域的研發，建立與維持醫學領域的研發環境、資金提供與管理研發。研發以六大領域為主：醫藥品、醫療機器、健康照護、再生醫療、細胞醫療、基因治療。並針對藥物開發、癌症和醫學設備等分配預算。

歐盟Horizon二〇二〇則從一九八四年展開歐盟科研企劃，並衍生出第八個展望：二〇二〇年計劃。總預算達八百億歐元（約十兆日圓），預計以七年時間逐步實施。

運用科學，讓人們身心健康的生活得以延長，是安斯泰來不變的理念。

安斯泰來向來著重培育人才、尊重人權、重視環保、勞動環境安全、積極研發新藥、產品的品質和安全性、遵守法令，並與生技新創公司、學術界維持密切的合作。

在研究開發策略上，集中在三個面向：生物學（深入了解疾病形成的原因）、病態模態（Modality）．技術（能廣泛運用的技術）、罕見疾病（尚未被滿足的醫療需求）。

重視細胞醫療的潛力

為促進新藥研發的水準，結合外部能力極為重要。安斯泰來與國內外的關係企業、不同業種的企業、學術機構等合作，並與國內外的關係企業，攜手從事各種研究，包括 Candidate discovery 研究、病態模擬研究、藥物動態研究和測試安全性等。

安斯泰來相信多功能性幹細胞的潛力，著力於這方面的研究開發，首做眼科的細胞醫療。眼睛是小型、較易從外界接觸的臟器，所需的細胞量也較少。我們從中獲取 Universal Donor Cell 細胞技術，將之活用在末梢疾病上。為追求其他的綜效，將多功能性幹細胞技術結合基因的編輯技術，使其產生次世代多功能性細胞，如此，技術的價值也相對提高了。

為獲得必要的資源，安斯泰來也透過併購與外界結盟，擴大協作體制，吸收國外的高級研究人才。二〇二〇年，所構築的醫療細胞據點有四個，約二百五十人從事研究工作。

首先，我們併購 Ocata（二〇一六年），在美國波士頓成立細胞醫療中心地，接著 Universal Cells（二〇一八年），在西雅圖成立遺傳子編輯的研究據點，再來是 Xyphos（二〇一九年），在舊金山成立研究基地。

在基因治療領域方面，收購了 Audentes（二〇二〇年）。我們計畫融合 Audentes 和安斯泰來的強項，將各自擅長的技術應用在多樣化疾病上，同時也關照到罕見神經系疾病和一般疾病。

此外，在此之前就已設立日本筑波成立研究所，由其負責與新藥公司、學術機構、再生醫療業界合作。在培育人才方面，派遣各種人才赴新創公司、不同業種的企業、大學、公家機構、新興國家等吸收新知，深化並豐富工作與生活經驗。

安斯泰來夙夜匪懈。努力地掌握生技的進步與數位革命的機會，期待為社會帶來健康照護的解方，藉以創造醫療新價值。

（李振延整理自二〇二〇年二月「大阪醫療高峰論壇」演講稿。）

新長壽時代人物

“

都市學專家後藤純透露，日本東京大學高齡社會綜合研究機構曾在一次調查獲知，男性年長者每天醒來覺得自己活得很幸福、還不想死的，只有 1%。人到暮年，每天與生心理退化對峙不容易愉快，趨近死亡的不祥狀態也令人難以忍受。但是，有些年長者雖步入耄耋之年，依然尋獲心的喜悅、生的力量。他們是怎麼做到的？

”

西方哲學家西賽羅說，死亡要從年輕時開始學習。不如活到老，每天學點事。學習讓人生飽滿，飽滿的人生足以使人面對死亡時態度成熟。東方禪學中的「枯木龍吟，炭雨落」對老年智慧也有正向的詮釋。

研究老人智慧的蒙妮卡・阿德特（佛羅里達大學社會學副教授）制定了三維智慧量表（three-dimensional wisdom scale 3D-WS），用三個座標軸表達智慧：認知（cognitive，理解人生的能力）、反思（reflective，從不同觀點看待人生的能力）和情感（affective，情緒智慧）。

接著要介紹的日本長者們是否符合阿德特的智慧標準、堪稱銀髮族表率不得而知。然而在耄耋之年，如何尋獲心的喜悅、生的力量，透過他們的故事可以獲得啟發也說不定。

八十七歲女作家鈴木怜子，堅持用腳寫作

手機裡的電話聲響起，號碼顯示是來自日本的電話。

「姚桑，抱歉，剛才打妳家電話沒人接。寫旅行和人生那本書，日本的彩流社願意出版了。」電話那頭，八十七歲的鈴木怜子（鈴木れい子）聲音非常帶勁。「妳還好嗎？有沒有受到新冠肺炎的影響？台灣初期防疫做得好，日本電視台都在播放呢。」

和鈴木怜子認識十多年了，平時都用mail聯繫，但她偶爾會打電話來，特別是電視或平面媒體報導台灣新聞的時候。台灣，連結了她與我，發展出忘年的友誼。

南風如歌灣生情

特地打電話告知的是旅行散文，書名《飛越時空的老女人：從台灣．日本到世界，然後台灣》（暫譯。《ときを駆ける老女：台湾・日本から世界、そして台湾へ》、二〇二〇），其中幾篇素材是我陪同她一起巡迴台灣蒐集的。鈴木是業餘女作家，也

是台灣出生的「灣生」。和她認識，是自傳《南風如歌》（《台湾——乳なる祖国》），二〇一四）在台灣出版前後。爲了行銷這本書，自費來台，出席新書發表會、接受媒體訪問。

《南風如歌》如實地描寫她在台灣成長的歲月。出生於台北大安區，是四姐妹中的老么。戰敗後，十二歲那年隨父母返回日本。吸吮台灣奶媽阿岩奶水長大的她，在台灣度過人格形成期，南國的四季風土轉化成內在的一部分。原文書直譯應爲「乳之祖國台灣」。心靈上的故鄉時時縈繞在腦海，中文自傳出版，時隔數十年鈴木開始勤快地往返台灣，還曾赴台中小住。直到三年前罹患肺腺癌、動了手術後才暫停來台。

「我想印一張名片。名片上寫著旅行中。」在自傳裡，她毫不掩飾自己熱愛旅行。

鈴木出身優渥的家庭。日據時代，父親任職隸屬野村財團的「台灣纖維株式會社」總經理。在亞熱帶台灣成長，返回溫帶日本後，竟然水土不服。鈴木透露，處處講規矩、要求同調的日本文化讓她無法呼吸。高中學業赴美國費城藝術學校攻讀美術後，她才重新呼吸到自由的空氣。

留美的經驗讓鈴木說得一口流利的英文、奠定了油畫的基礎，也在英文報紙找到記者的差事。後來和同行的丈夫相遇，結婚。婚後，和當時的日本女性一樣，她洗盡鉛華步入家庭、生養了兩個女兒，但筆耕沒有放棄。《旅居日本的聖方濟．沙勿略之

後裔》（暫譯。《日本に住むザビエル家の末裔》，二〇〇三）和《芭蕾舞者服部智惠子之女華生・繁子》（暫譯。《ワトソン繁子バレリーナ服部智恵子の娘》，二〇〇六）就是那個時期的作品。「芭雷舞者那本是主角自費出版，稿費給得很大方。」只不過，從不爲金錢起煩惱心的鈴木透露：「稿費很快就花完了。」

丈夫在懷裡往生

鈴木夫婦都喜歡多變化的生活。丈夫退休後，兩人決定把退休金花在旅行和營生。這段體驗後來也成爲鈴木寫作的靈感，《旅途剛剛啓程》（暫譯。《旅は始まったばかり》，一九九一）、《世界最適合居住之處》（暫譯。《世界でいちばん住みよいところ》，一九九七）就是成果。

志趣相投的夫妻相偕走遍國內外。當時環遊了

鈴木伶子的作品。

墨西哥、西班牙、葡萄牙、哥斯大黎加和美國洛杉磯等地。也曾胼手胝足地經營旅館、教育機構，教授語言、繪畫和料理。「丈夫是躺在我懷裡往生的。」包括與夫婿永別的這一幕，都成為她難忘的回憶。丈夫去世那年她七十三歲，中老。提得起放得下，她當機立斷地賣掉山口縣光市的房子，拎著兩只皮箱隻身前往東京投靠二女兒。二女兒當時是電視公司製作人，工作繁忙、經常出國，已婚。後來生產忙不過來，升格為外婆的鈴木義不容辭地扛起照顧孫子的任務，成為全職祖母。

直到孫子上小學，沈寂了數年的鈴木，有一天發來郵件：「姚桑，剛送孫子去學校。現在，我一個人在咖啡館寫稿。」為漂流的心靈尋找停泊港，鈴木怜子似乎從沒忘記。

「像無根的浮萍。希望能忠實自己的直覺，隨時出航。」藝術家不羈的靈魂如此呢喃。

強烈慾望七分喊停

《強烈欲望，七分喊停》（暫譯。《旺盛な欲望は七分で抑えよ》，二〇〇八）是鈴木的另一本作品，講述女性實業家松田妙子的奮鬥史，又彷彿是作者內心的吶喊。人妻、人母、祖母，是鈴木眞實生活裡的身分，作家與畫家則似乎是她永恆的欲望。東京橫濱市大女兒的房間裡，牆上至今掛著幾幅油畫是鈴木年輕時代的作品。畫作裡，北美墨西哥、伊比利、美洲西班牙、葡萄牙人群，或身著小丑服的布人偶，全都色彩瑰麗、人物抽象猶如幻影，摩登斜楨銀髮族鈴木的特質表露無遺，對人對事熱情相待，毫不保留。

鈴木超強的行動力有時會嚇我一跳。比如說突然打來越洋電話；毫無預告地寄來鋼筆或無印良品的棉質洋裝；臨時飛台北，預約不到旅館，暫住我家；在台中短期 long stay，「明天，我要去台北車站觀察外勞的集會，因爲這是日本看不到的光景。」在 mail 裡寫道。

二〇一八年，說是要蒐集寫作素材，鈴木特地訪台，還邀我一起加入。那時，一百六十五公分高的她背部微駝，說是腰痛、拄著拐杖前來。老化的肉體，似乎無法囚禁熱愛探索的靈魂，她堅持親臨現場，用自己的眼睛觀察、用心了解採訪對象。在

鈴木的油畫畫作。

日本，這種田野調查式的，叫做「用腳」寫作。

時序是初秋。在日本朋友原由佳的導覽下，我們搭乘小型休旅車由北向南，爲時兩夜三天。待結束採訪返回東京後，她立即入院檢查，確認腰痛是肺腺癌作祟後，辦理住院手續、接受手術，現正康復中。

採訪旅行途中，當時八十三歲的鈴木強忍身體不適，右拄拐杖、左拿紙筆，堅定地走在蚊蠅紛飛、山路崎嶇的聖山山間。秋老虎的威力懾人，從旁凝望她只見她右手拄著拐杖、左手握住紙筆，直挺著上身聆聽受訪者講話，草帽下的銀髮隱隱發亮。坐進旅行車後，一路不語，若非凝神思索就是振筆疾書，神情專注。那趟旅

1923 年 4 月訪台的昭和天皇種的樹。
蔥鬱的榕樹目前健在成功大學校園裡。

行，尋訪了南投草屯聖山生態教育園區、埔里紙教堂、日月潭，也參訪木耳工廠、傳奇博物館，停車大啖曲腰魚。最後一站是南投縣埔里鎮龍向山莊「八號天皇的房間」，主人是畫家黃義永，由他親自接待。

八號天皇的房間從日月旅館[1]搬移過來後，隨即安置在五百多坪的龍向山莊內。原經營者是日本的退休警察原田源吉，後被黃義永的父親買下，從一九四五年開始經營到一九七七年。

八號天皇的房間

房間的命名大有來頭。儘管後來因日本天皇臨時改變行程，不曾留宿。但留下房名流傳至今。

原來，昭和天皇裕仁（一九〇一至一九八九年。訪台

1 日月旅館，一九一〇年營建，佔地一千多坪，舊址在埔里鎮國光號車站對面。

黃義永導覽八號天皇的房間。手指著的是茶花窗櫺。（左圖）
房間裡的匾額。（右圖）

時號稱親王，即位年代是一九二六年）在即位前一九二三年四月首度訪台。當時先在基隆上岸，然後巡訪了新竹、台中、台南、高雄、屏東、澎湖等。原本計畫赴埔里、日月潭一遊，後因擔心生蕃（日據時期，日本人對原住民的稱呼）鬧事而打消了念頭。

與天皇緣慳一面的八號房，由於建築的工法罕見而獲得保存。「整個房間都用木栓連結，連一根軸承和釘子都沒用到。」負責導覽的黃義永操著流利的日語向鈴木說明。舉足步入稍微陰暗的房內，鈴木凝神傾聽，仔細地瀏覽壁龕、檜木、樟木樑柱、古鐘台、匾額、棋盤、桌椅、茶花窗櫺、茶杯、花瓶、榻榻米、座墊，還有緊連秘密通道的天花板和床櫃，秘密通道是躲刺客用的。「由於建築工務的考量，建材和文物只搬來六七成而已。」黃義永帶著遺憾的語氣說明。

兩位才華橫溢的銀髮族。作家鈴木怜子與水彩畫家黃義永。

搬移過來的日月旅館屋簷上依稀可見日與月的圖形。

庭院裡，還有從日月旅館搬過來的石頭和玄關。幾顆巨石散落在草叢中，玄關上紅色的屋頂刻畫著「日」（太陽）與「月」（月亮）磨損的圖形，依稀可辨。鈴木怜子和黃義永年紀相仿，才華洋溢的兩位長者，在庭院拍了珍貴的合照。

八號房有一百多年歷史，吸引許多日本遊客接踵而至。經歷戰爭與遷徙，對灣生鈴木而言，記憶南方島嶼的方法是越洋踏查和書寫。天皇的房間不止是一個空間，也像一面鏡子，折射著被日本殖民五十年台灣歷史的複雜。其中有日本人對台灣的感懷也有台灣人對日本的情結。

後來因事赴東京，順道探視手術後的鈴木。瘦了不少的她熱情不變。抵達橫濱市她大女兒的公寓當晚，鈴木老太太特別做了台灣米粉招待。餐桌前，對著大女兒和我，她興致勃勃地聊到，想念台灣時就一個人跑到中華街買油條，興起時會不嫌麻

「我想印一張名片。名片上寫著旅行中。」鈴木說。

鈴木的炒米粉是台灣的鄉愁。

煩地包粽子吃，最想念的特產是豆腐乳。

彷彿放流後返鄉的鮭魚，心靈故鄉的味道與持續地書寫記憶，總能安撫流浪者的心。

「這是最後一本了」，是她的口頭禪。儘管《南風如歌》問世、《穿越時空的老女人》出版，「有一本童話寫了一半。也許哪天會把它完成吧。」鈴木在電話裡這麼告訴我。後來知道，最近《芭蕾舞者服部智惠子之女華生·繁子》、《穿越時空的老女人》都有了電子版。最後的以後，以後的最後……。芳齡坐八望九，慾望猶存，鈴木怜子的好戲且待下回分解。

八十七歲銀髮科技教母若宮正子，從秋天出發

盛夏的傍晚，在東京橫濱市車站，和若宮正子見第三次面，若宮已先我而到，在車站剪票口前等候著。那天她身穿銀灰色外套，內搭深藍底圓形圖案襯衫，襯托得膚色更加白淨。可能身材削瘦的緣故吧，她的動作輕巧敏捷。

八十一歲那年被譽爲「世界最高齡程式設計師」，瀏覽最近她的臉書知道，老人家目前依然是炙手可熱的三C教母，或爲了教學或單純遊玩，只見她國內國外到處趴趴走，快樂極了。二〇一七年，她因爲成功地設計出手機遊戲「hinadan」[2]而一舉成名。兩人相偕步入站旁的

2017 年世界最年長 APP 設計者若宮正子（中間）訪台合影。左邊是記者黃漢華，右為作者。

2 hinadan（雛壇）：每年三月三日女兒節，家中有女兒的一般日本家庭，會將雛壇搬出來擺飾。雛壇上有各種人物，包括天皇、皇后、貴族、宮女、奏樂者及袖珍型傢俱等。

紀伊國書店。選定星巴克坐定後，她低聲地點了柑橘茶、邊說道：「今天一大早就出門，妳是我見到的第三個人。」

在秋天成熟

研發出 hinadan 手機遊戲後，二〇一四年，若宮正子參加「TED × 東京」（Technology Entertainment Design）論壇，用英文發表演說；二〇一七年，被蘋果的 CEO 庫克召見，參加全球 App 設計者大會；二〇一八年，以「高齡化社會與活用數位技術」爲題，在聯合國發表演說。接著，參加由已故首相安倍晉三主持的「人生一百年時代構想會議」，爲高齡者如何健康有意義地活著建言，忙得團團轉。

「開發滿足老年人需求的手機娛樂遊戲」是她終生的目標。近來除了繼續在國內旅行演講、指導老人和青少年使用三 C 產品，其他舉凡和電子通訊、新科技產品有關的發明也是她興趣所在。科技＋高齡的形象，讓她屢被邀

出示手機遊戲「hinadan」。

2017 年 9 月若宮正子來台灣（右起三）。右一男士正在玩機器人 Parlo。

請擔任產品代言人。網路有一部廣告片，是她示範操作ＡＩ機器人Google的影片。影片裡，她熟練地指揮Google開關燈具、電視機、冷暖氣器，還有掃地。以身教激勵老人保持好奇的心，不要害怕接觸新東西。

「永不嫌晚」是她的座右銘。在六十歲以後開始接觸電腦、學習上網，七十五歲學彈鋼琴、八十歲學程式設計、八十一歲開發遊戲程式、八十二歲初次環遊世界，後來學習寫書。二〇一九年以前，出版了八本書，有一半和數位科技有關。

年輕時代的若宮正子是一個循規蹈矩的上班族。高中畢業後，隨即進三菱東京ＵＦＪ銀行就職，做的是會計、倒茶水、影印文件這類雜務。四十歲那年，她善用解決問題的思考傾向，主動擬了一份「工作業務改善計畫」呈給公司。這個大膽冒進的舉動讓她的工作有了新轉機。當時，日本方才通過「男女雇用機會均等法」（一九七二年），搭上這個勞動平權漸起的風潮，她成功地獲得升遷的機會，做到部門主管。隨後埋首工作四十年，終身未婚。

ＯＦＦ後重新開機

等到從職場退休後，母親也年邁了。很自然地，她主動地留在家裡照顧。但是就在關門善盡女兒責任的這段期間，她發現自己「慢慢地和朋友疏遠，對社會生活也感到十分生疏。」沈浸在往事裡的若宮，說話的表情嚴肅。原來就喜歡和人交流，也擅長動手做「看得見」的東西，立刻決定隨心所欲，用退休金買了一台電腦，試著和朋友、社會重新連線。

OFF後重新開機。學習操作電腦，爲她打開闖進新世界的入口，也成爲照顧時日的喘息時間，母親後來活到一百歲往生。

若宮正子有一種做什麼事就全心投入的本事。爲了學程式設計卻求師無門，她乾脆跑到大學校園裡去找教授。非典型的求學行動和決心，感動了大學教授。教授破例爲她開了門視訊課。「剛開始，我編寫的程式根本無法作動。」若宮毫不諱言起頭失利。但是，她的個性是一旦決定了就不回頭，這時會先按捺住焦慮，轉身去做別的事。等過了一段時間以後再回頭繼續鑽研，「做做看嘛，失敗了也沒差。」後來，她還發揮創意，把別人用來計算用的 Excel 程式拿來作畫、設計圖案、卡片、書套，然後當禮物送人。「全世界大概只有您會這麼做。」微軟公司的人曾這麼跟她說過。

報紙上天天看到AI、5G、VR、IOT、區塊鏈、元宇宙等炫字眼，但是對科技心儀的若宮卻表現冷靜。她說自己雖然熱愛科技但並不是科技至上主義者，「因爲庫克曾說，在AI時代，人文素養更重要。因爲人文素養可以提高人思想的高度。」

3C在手，行遍天下。身體硬朗的若宮正子沒在怕地，以八十二歲高齡開始獨自遊走世界各地。靠著安裝在手機裡的翻譯程式，她拜訪了心目中的北歐愛沙尼亞。「因爲愛沙尼亞和冰島是全球網路障礙度最低的國家，也是世界高收入的經濟體之一（國民平均年收入約一萬兩千美元）。」她透露，愛沙尼亞的人口雖只有一百三十萬人，是小國。「但是，不用紙張、E化得很早，雲端網路也遍布全國，是科技大國呢。」

人生不設限更有趣

眼前這位長者原本有點緊繃，開始觸及科技教育後，表情慢慢地柔和起來，繼續地回味在愛沙尼亞的見聞。她表示，北歐各小國都很重視科技教育，採取的是往下紮根策略，有意識地強化孩子們的邏輯思考。在一九九〇年代就有培養新世代親近科技的概念。像教導幼稚園幼童使用3C產品、七歲開始傳授網頁設計的概念、訓練十歲的孩子們透過電腦程式編寫遊戲、十七歲用電腦語言Java寫文章、編劇本，以及設計和操控機器人。

「語言溝通不成問題？」故意問她。「哪有什麼問題，我都靠翻譯軟體。」露出白牙，她開心地笑答。行動派的她還立即說要教我如何下載，然後拿起手機盯著銀幕、熟練地用手上下滑動，果然很快地找到了，當場面授機宜。「我英文不好也不會說中文。不管走到哪裡都靠這個跟當地人溝通。」若宮正子曾在二〇一七年九月中旬來台灣考察。旅行的目的除了推廣陪伴老人的機器人Parlo（パルロ），也偕同友人赴南部參訪老人院，表現出對養老和福祉事業的關心。

在人生的秋天出發。這個挑戰科技、打破「程式設計限三十五歲以內」既定觀念的銀髮族完全不自我設限，自信心非比尋常。《年過六十，人生愈來愈有趣》（暫譯，《六十歳を過ぎると、人生はどんどんおもしろくなります》，二〇一七）是她作品的題名，也是人生寫照。

87歲的科技之母若宮正子的人生從秋天出發。

八十一歲醫療專家前川和彥：救人沒有退休日

八十一歲的前川和彥有「日本輻射醫療第一人」之譽。在一九九九年東海村JCO發生輻射線外洩事件後，他銜命出任臨床主治醫生，爲輻射曝露[3]患者施以治療並紀錄了長達四百多頁的醫療紀錄，是東京大學名譽教授。目前是非營利法人「災害人道醫療支援會」（www.huma.or.jp）理事長，也是埼玉縣原田醫院副院長，一週數日從新宿搭電車通勤。

初秋的早晨。宮城縣仙台市街道兩旁，楓樹葉尖正開始綻紅，微風輕拂、樹影搖曳。當天氣溫十六度，空氣清沁宜人。

81歲日本輻射醫療專家第一人前川和彥至今仍通勤上班。

3 根據財團法人中華民國輻射防護協會用語，遭游離輻射（ionizing radiation）照射稱爲「曝露」。

上午十點，一年一度的「日本放射線事故．災害醫學會年度學術研討會」（Japanese Association for Radiation Accident / Disaster Medicine），即將在這座東北方靠海的城市舉行。會場位於青葉廣瀨町東北大學對面的艮良會館。來自全國關心這個議題的人陸續進到可容納一百多人的會場。研討會在二〇一三年成立。

三一一救援部隊

急救醫生前川和彥是第一屆理事、發起人之一。前一晚，他搭乘新幹線從東京趕來，要在研討會擔任主持人。研討會按時開始。輪到代表厚生勞動省的川越俊治發表，題目是「核能災害時核能設施內的醫療體制建構」。結束後，前川立刻舉手發言：「政府建構的醫療體制究竟發生了什麼事？三一一當天下午，福島第一電廠發生氫爆後，沒看到任何緊急救援的行動，現場連一個醫生也沒有！」透過麥克風的聲音一點也不蒼老，雙開岔西裝的背影，腰桿直挺。

話一落定，席間起了一陣微小的騷動，傳出略帶解嘲

在日本放射線事故．災害醫學會年度學術研討會後，與同業後進們晚宴。

的輕笑。台上，川越俊治的表情尷尬、沈默不語。他的職稱是「游離放射線勞動者健康對策室室長」。

視政府官員則藐之？犀利表現的前川和彥憑藉的是什麼？

原來，他幾乎無役不與。當時接受東京電力公司的委託，前川在事故發生後一個月後踏進災害現場。當時的指揮單位是進駐核電廠一棟防震大樓的「災害對策本部」。但整棟大樓活像一座野戰醫院，現場凌亂不堪、工作人員不眠不休，每晚睡辦公桌下。抵達當日，和每一個人一樣，前川的午餐僅以麵包、蔬菜果汁裹腹。午休時間，只見每一個房間和走廊上擠滿作業員，急救醫療室內雜亂又狹窄。

現場沒有執勤的醫生，原該二十四小時待命的急救服務也沒啟動，看在眼裡，前川醫生的內心憂慮急了。撥起電話，他直接要求和當時的核能防災大臣細野豪志談話。談話結果，好不容易爭取到將急救醫療室改在第一核電廠（簡稱1F）第五和第六號建築內。同年七月，醫療室正式展開急救行動，是現在1F急救醫療室前身。現任急救醫療室室長山內健嗣當天也列席發表。

「無論是一般民眾或在核能電廠工作的人，到現在他們的健康和安全還是我們該關心的。」前川醫生直率地說道。他早年畢業於東京大學醫學院，後在北里大學研習外科，曾以醫生身分赴美工作，職稱是外傷外科學與重症患者管理學醫生。返國後以急救醫療專家的身分，先後在北里大學醫院、東京大學附屬醫院授課。一九九五年，阪神．淡路大地震和東京地鐵沙林毒氣事件，他都間接或直接地參與。穿梭在災變現場，進行緊急救難是天命。

穿梭災難現場的身影

日本的急救醫學．醫療發達，始於一九四八年。相關的理論與技術則在一九九七年臨床急救醫學會成立後日臻成熟。急救醫療體制和輻射線[4]治療技術的建立，始於一九四五年廣島．長崎核爆，在二〇一一年1F氫爆後更爲紮實。

三一一東日本震災發生時首當其衝的是福島縣。在震災犧牲者中，直接因震災而受害者，亦即「震災關連死」（disaster-related death）的死者、負傷者和可能被曝者，合計一千多人，因輻射傷害死亡者是零。儘管如此，福島縣沒有掉以輕心，時隔十一年以上，輻射被曝的事故還在進行中。1F內的廢爐作業仍在進行，每天有四千多名作業員入內。由於高劑量輻射的疑慮，從業員採輪班制，迄今約有兩萬人以上進出。

隨清除廢爐而至的是游離輻射致病（罹癌、急性輻射線症候群等）的問題。不僅於此，近年因輻射線引起醫療輻射傷害的職傷例子也逐漸出現。然而這個議題從公共衛生上溯至國家安全，以致常以在醫學上認定困難爲由卡關。現實情況是，幸運者獲職傷賠償，但遭駁回或不見天日的案子居多。容易與政治掛鉤的核能傷害問題，愈往下挖掘內情愈隱晦複雜，宛如潘朵拉的盒子。

前川和彥的目標是扮好醫療人員的角色。他內心十分清楚，自己從急救醫生晉身爲國際知名的輻射醫療專家，是一種貴重的經歷，負有特別的使命。因此除了勤於撰寫、發表臨床醫療論文，也積極參加論壇，擔任政府顧問。他從急救醫生蛻變爲輻射線傷害臨床醫生是因緣際會，也是意志的選擇。緣由要從繼廣島、長崎核爆後，日本最嚴重的一次核災意外說起，即一九九九年九月三十日的東海

東海村JCO事件主治醫生前川和彥率隊在記者會上發言。（前川和彥提供）

4 輻射線，俗稱放射線。關於輻射傷害的用語，在日本被嚴格地區分。受核爆傷害稱爲「被爆」，例如廣島、長崎。一般放射線傷害是「被曝」，因輻射外洩而引起的傷害稱「被ばく」。用平假名表現的ばく，寫成漢字是「曝」字。

5 臨界事故：「臨界」指沉澱槽內在核分裂達到臨界狀態後，導致核反應爐暴露在外，也是輻射線即將外洩的前兆。

村JCO臨界事件[5]。這是日本核能產業因事故導致有人身亡的第一個案例。事件中，有三名作業員被曝，其中兩名死亡，另有四百多人遭到輻射線污染（員工、急救人員、居民）。當時擔任東京大學醫院急救部部長的前川和彥臨危受命，成爲主治醫生。

事發至今已隔二十多年，但是每一年在九月三十日這天，日本媒體照例地舊事重提，前川和彥也會受訪，畢竟他是全程治療並目擊受害者受苦的醫生。

航行在沒有海圖的海上

JCO（ジェー・シー・オー）是住友金屬礦山一家子公司的名稱，專做核燃料加工，位在茨城縣東海村。根據記載資料得知，當天工廠內的沈澱槽突然出現怪聲、發出藍色的閃光。隨後，輻射線瞬間穿過正從事作業的篠原理人和大內久的身體，兩人當時正在處理鈾溶液。

後來證實，大內和萩原都受到高劑量輻射曝露，大內的劑量是十六至二十五GyEq[6]、萩原六至九GyEq。當時這種案例即使在海外也不多見，「對我來說，就像船隻航行在沒有海

描述1999年9月30日東海村JCO臨界事件發生經過的壁板。（前川和彥提供）

圖的海上，我們對治療方法毫無頭緒。」前川毫不諱言。面對被抬進醫院的傷患，他也只能一邊閱讀文獻一邊摸索治療的方法。

兩名患者的傷勢十分嚴重。大內因爲體內無法製造新細胞，「所以他的皮膚就像被嚴重曬傷般地逐漸剝落而且形成水泡。」住院期間，大內的身體狀況時刻在變化。「一天裡失去將近三、四公升的水分，有時多達十公升。連我這個熟悉燙傷的人，對他時刻變化的身體狀況也感到難以置信。」前川睜圓著眼睛，緩緩地回想道。這個棘手的體驗，促使他想到應該用A4醫療用紙詳細地紀錄。

大內久剛被送到醫院時，意識還很清楚，曾開口詢問：「我眞的是被高劑量輻射照到嗎？」四天後，對著數不清的檢查自我解嘲地說道：「我還眞像一隻實驗用豚鼠呢！」數日

東海村JCO臨界事故發生前的沈澱槽。（前川和彥提供）

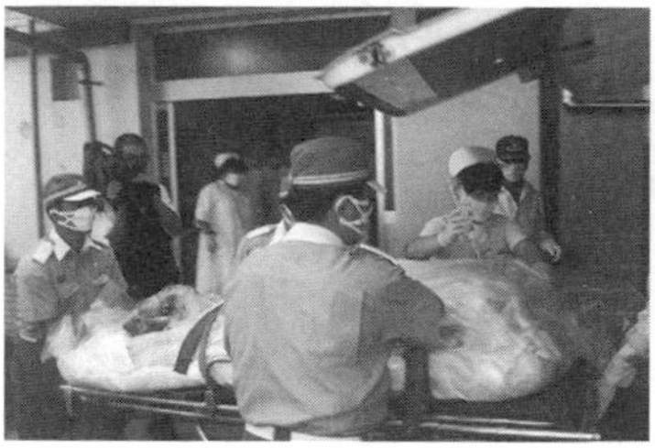

東海村JCO臨界事件發生後，急救人員搬運傷患。（前川和彥提供）

6 GyEq：縮寫符號Gy，台灣譯爲戈雷，是輻射劑量的單位，屬於輻射傷害中「確定型效應」，對身體器官有不可逆的破壞力，超過六Gy照射會致死。

後，他的意識陷入模糊，在第八十三天撒手人寰，死因是多種臟器功能衰竭，三十五歲。篠原理人在翌年四月去世，四十歲，死因相同。第三名作業員（被曝二至三Ｇｙ），骨髓受損，八十二天後出院，當時五十二歲。出院後持續定期地接受心理諮商和健康診斷迄今。

在東海村ＪＣＯ臨界事故發生以前，日本產業界從未遭遇輻射線外洩的災難。在日本政府主導的核能安全神話中，「被ばく醫療」這個專有名詞至今仍是禁忌的語彙與話題。根據前川醫生透露，東海村臨界事故前，公文書裡從不寫「被ばく醫療」，而以「緊急時醫療」替代。直到現在，專家學者在撰寫論文時，不寫曝露的「曝」字，一律以平假名「ばく」表現，「用意是不要突顯輻射線災害。」

青春，是一種心境

ＪＣＯ事故是不曾發生過的災難，缺乏認知也延宕了救災的時機。在ＪＣＯ現場，當急救人員準備進入搶救時，還有人訛傳「聽說是作業員癲癇發作了」。結果，在確知是輻射線外洩同時，連急救隊員也遭輻射曝露了。此外，患者被送達醫院已是事發七十五分鐘以後，開始針對三名作業員施以緊急治療則是翌日了。

將失敗當做前車之鑑。這個不幸的事故，讓前川和彥這個經驗老道的醫生學到幾件事。產業界的緊急輻射線災害並不常見，而且多半在想不到的場所、以意想不到的形式發生。「但是一旦發生了，通常需要高度的醫療知識和跨學界的合作。由於急性高劑量輻射會造成多種臟器功能受損，因此需要龐大的人力、物力資源支援。」

鑑於曾經歷過不堪回首的往事，將福島１F事故與JCO臨界事故視爲悲劇重演，老醫生才會在研討會上疾言厲色地批判：「核能防災漏洞百出，政府是否太看輕人命了？」

前川和彥的性格頑強。曾因交通事故兩次骨折，住院五次。一次是二十九歲，上顎出了問題，一次是三十二歲、頸椎出狀況。四十九歲那年雙眼視網膜剝離，五十四歲罹患胃癌二期，七十三歲椎間盤疝氣。「別小看椎間盤疝氣，手術超級痛。我還要求鎮痛劑加量呢。」誰說醫生不怕痛？後來日本媒體採訪他，要他談談醫生住院感想。他妙語如珠地應對，訴說住院像住牢房一樣地很不自由，清晨想睡時一早就被喊醒服藥；晚上睡不著卻九點就關燈。生病了的肉體有如受到禁錮；動過眼睛手術後，因視覺與味覺相連，醫院的伙食更難以下嚥。「看來，醫院規則得好好地修改了。」老醫生展現出幽默風趣的一面，把日本記者都逗樂了。

老派菁英堅持不懈的精神，讓我印象深刻。初次試著和他聯絡時曾多次發信，但透過 skype 得知，我發出的信和附加檔案他看不到，而我也收不到他的回覆。時間過了三十分鐘，我漸漸地失去信心，決定改用傳真，於是一股腦兒衝到家裡附近的萊爾富轉發傳真。過了二十分鐘回到家發現，他寄來的第一封信終於到達了。「成功了嗎？」他在日本那一頭問道。原來當我決定放棄了以後，老醫生依然鍥而不捨地想辦法發信。

那一瞬間，對這位年輕老人的堅持肅然起敬。

八十歲諾貝爾醫學獎得主本庶佑：消滅癌症的故事才要開始

二〇二二年四月，京都大學「癌症免疫綜合研究中心」正式成立。這是日本第一所全面鑽研免疫學與感染症治療方法的研究機構，八十歲的本庶佑是中心長。被賦予重任的這名研究者是二〇一八年諾貝爾醫學獎得主，也在二〇一四年榮獲唐獎，曾兩度訪問台灣，並在兩年前台北亞洲生技大會論壇應邀做視訊演講。「消滅癌症的故事才要開始」是這位老邁戰士的宣誓。

癌症患者與日俱增。根據國際抗癌聯盟（UICC，Union internationale contre le cancer）資料顯示，全球每年有八百萬人死於癌症。未來二十年內，每年將達二千四百萬人。換言之，到二〇三五年爲止，死於癌症的人口是現在的三倍。

二〇一八年諾貝爾醫學獎得主之一本庶佑致力研發癌

2018 年諾貝爾獎與唐獎得主本庶佑。

症治療藥不遺餘力，視克服絕命癌症是生涯課題。

回溯獲諾貝爾獎當時，他是京都大學高等研究院副院長。在京大研究室裡，正和職員們聊著他所熱衷的高爾夫球運動，瑞典諾貝爾基金會打來致賀的電話，時間是二〇一八年十月一日下午五點四十七分。這通電話決定了他成爲歷年來日本第二十八位以及與京都有淵源的第十四位諾貝爾獎得主中的一個。稍早在二〇一四年，他與同年獲諾貝爾醫學獎的詹姆斯．艾利森，同獲唐獎第一屆生技醫藥獎。

對癌症免疫療法有貢獻

本庶因對癌症免疫療法做出貢獻而獲獎。免疫療法是透過活化免疫系統治療癌症的一種方法，繼手術、化療、放射、標靶藥物後成爲新標準療法。

一九九二年，他在淋巴細胞膜上發現一種免疫球蛋白受體，命名爲 PD-1（Programmed cell death protein 1，因判斷其與細胞程序性死亡有關）。一九九八年，證明其爲一種類似免疫反應的煞車器[7]，一旦撤除，由於其會壓制人的免疫系統，免疫力能獲得提升，對擊潰癌細胞大有助益。

二〇〇二年，本庶透過實驗鼠獲知，使用抑制 PD-1 的抗體的確能消除腫瘤，並了解 PD-1 抗體是活化 T 細胞[8]的一種誘導型基因。二〇一四年，PD-1 抗體成爲治療黑色素瘤的治療藥，並獲准用來治療肺癌、腎臟癌、大腸癌、淋巴癌、頭頸部癌、胃癌等十多種癌症。透過臨床實驗更證實，PD-1做出來的抗體，副作用小於CTLA-4抗體。目前，由PD-1與各種藥劑組合後正在進行的癌症臨床實驗及於一千多種。

本庶佑的發現同時促成了名爲Opdivo藥物的問世。Opdivo是全球首獲各國批準上市的PD-1抑制劑，也獲選爲新冠肺炎治療藥候補。日本政府爲了強化基礎與應用研究，並提升像Opdivo等這類免疫藥劑的效果、降低藥物的副作用等，因而提供了數十億以上日圓給京都大學成立「癌症免疫綜合研究中心」。

幸福地往生不是夢

本庶任職的京都大學，位在京都市左京區吉田本町一條僻靜的巷衖裡。當年獲獎後的記者會，在正門旁一棟深褐色建築的二樓舉行。一百多名記者嚴陣以待的騷動，

7 人體中類似煞車器的分子有兩種，即PD-1和CTLA-4（由詹姆斯．艾利森發現）。這種分子感應器像煞車器，會自動地降低人的免疫力，抑制人體對癌細胞的攻擊。

8 T細胞（T cell、Tlymphocyte），是一種白血球，人體的免疫系統主要靠它，也是對抗病毒與細菌感染的高手。

猶如鎂光燈般一閃即逝，但景物依舊在。象徵京大的花瓣形時鐘牢牢地鑲崁在大樓上，時鐘前碩大楠木的枝葉蓊鬱如昔。熱潮過後，本庶在媒體露面的機會增加，在癌症治療上的研究也不會停歇。

「癌症免疫綜合研究中心是國際性的組織。我們會跟其他大學和企業合作，也將招募外國籍研究員。」面對日本媒體，這位醫學研究者展現出抱負與決心：「我們將更全面地了解免疫學的全貌，找到更完善的免疫療法，同時也將致力開發和感染症相關的治療方法。」人類活得長有喜有悲。老化帶來的疾患以腫瘤癌和阿茲海默症爲最，心血管疾病、感染症也是。日本國立癌症研究中心公布資料，二〇二〇年，日本罹癌人數達一百多萬人，死亡三十七萬人，主因是高齡化。WHO發表的資料也顯示，到二〇三〇年止，全球失智人口將累積至七千三百萬人。

關於這一點，本庶早在著作中點出，長壽社會的課題「已不只是幸福地活。毫無病痛的幸福地往生更值得關注。」（《關於幸福感的生物學式隨想》，暫譯，《幸福感に関する生物学的随想》，二〇二〇）。儘管如此，他依然相信幸福地往生並非遙遠的夢。「歷經五億年，身爲脊椎動物，人類在免疫功能上的進化將是最大的助力。」本庶佑性格直率，數度在公開場合坦承自己開發的治療法僅對百分之二十至三十的晚期癌症患者有效。二〇二〇年七月二十二日上午曾接受邀請，在台北亞洲生技大會論壇的視訊會議中，用英語發表了三十分鐘講話。與台灣接觸這是第三次，二〇一四年九月領唐獎以外，二〇一五年六月也曾訪台。

越洋視訊裡，本庶佑不疾不徐地述說發現 PD-1 的經緯。做結語時，他不諱言還有幾個尚待克服的技術難題。但語氣堅定地表示：「我們衷心希望 PD-1 抗體能成爲癌症療法中的盤尼西林。這當然不是全部的故事，故事尚未結束，消滅癌症才要開始。」視訊裡的所在地不明。只見室內有白色的紗質窗簾，襯托出他身上條紋襯衫的顏色更深。帶鏈條黑框眼鏡後的眼神炯炯，粗眉與頭髮間雜著銀灰，老科學家的精神抖擻、思路清晰。

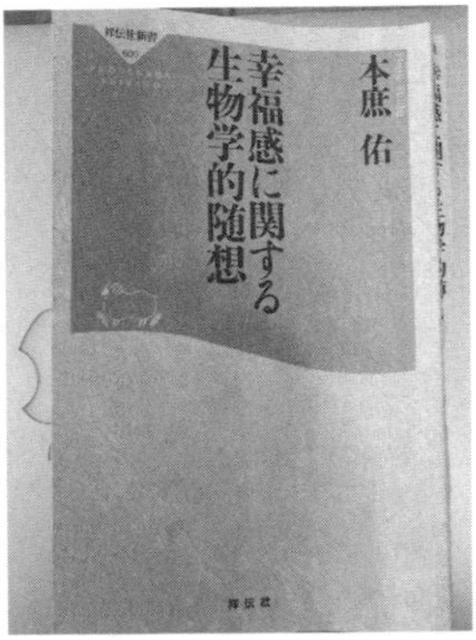

本庶佑的著作《關於幸福感的生物學式隨想》。

2020 年 7 月 22 日在台灣亞洲生技論壇上，本庶佑透過視訊講演。

信念之男與和服

本庶佑是出了名的「信念之男」。對己所好有所堅持，貫徹始終。

諾貝爾得獎者要致贈諾貝爾博物館紀念品，是一個成規。他的贈禮是一幅親自揮毫的漢字書法「有志竟成」。贈禮吐露心聲，領獎時穿的也是傳統和服。「比起燕尾服，和服能更美化日本人的體型。」是他對和服的見解。

諾貝爾獎的頒獎典禮每年十二月十日在斯德哥爾摩舉行。這個瑞典古城位在北緯五十九度、京都的北方。領獎那年，照例是讓人不禁口吐白霧的寒冷日子。一百七十六公分高的本庶佑穿和服上場，在清一色著燕尾服的受獎者中顯得突出。繼一九六八年諾貝爾文學獎得主川端康成後，他是第二個穿和服出席的日本人。當天穿的那套黑色和服是高規格的禮服。手染的上衣布料上繪有五個圖案，葉子的形狀全部仰首向著太陽。下著灰色細條紋裙褲，裙褲腰帶的襯裡是彩色錦織。和服前裝飾用的綵結呈白色圓球狀，一把米色的紙扇插在其內。

時間到了，輪他領獎。在台下一千五百名觀衆的注目下，他態度恭謹地從瑞典國王卡爾十六世古斯塔夫手中接下獎狀和獎牌。長及半世紀以上不眠不休的研究，終於讓他攀登人生的巔峰。在這個關鍵時刻，他選擇穿傳統服飾出席是獨特個性的展現，也讓人隱約察覺為何他選擇返國做研究的理由。「選擇醫學研究是一種志向。研究者負有社會責任，有必要思考如何反饋社會。將生命科學紮根在日本是重要的使命。」他在自著中寫道。

和許多人一樣，本庶佑的人生中也有幾名導師。

京大傳奇研究室

早期受早石修教授（一九二〇至二〇一五年）啟發極大。早石是醫生、醫學研究者，也是京大醫學院「午餐讀書會」倡始人，讀書會從一九五八年就開始。由於影響了後來包括本庶佑在內的數名諾貝爾醫學獎候選人，加上參加者中有許多教授級人物，因此讀書會的場所被取名「傳奇的研究室」。「與其貪吃飯糰，不如多撒點柿子的種籽。」是早石教授的口頭禪。他經常鼓勵年輕學子不要在意今明天的飯食，應該把眼光放在能結果的研究上。一般認爲，京都大學遠離首府東京的政治圈，學風自由闊達，有益知性的培育。

早石發起的讀書會在中午舉行。教授、副教授、年輕

有時鐘的京都大學，位於一條僻靜的巷衕。

研究者、研究生等三十多人爭相參加。在吃午餐的時間裡，大夥群聚在醫藥暨應用化學系教室，熱烈地討論新知識、分享最新的英文論文。名聲不脛而走，後來連理學、藥學、工學和留學生都聞風而至。專長多元的參與者拓寬了與會者關心的視野，教室裡瀰漫著一股國際性氛圍。一群將世界當做探討對象、富有科學精神的年輕人，常因討論、辯論而爭得面紅耳赤。「你爲什麼選擇這篇論文？論文的新意在哪裡？」「這個結論的關鍵根據不夠清楚！」。……參與者每隔二至三個月必須輪流發表，準備時間約一個月。

本庶在讀研究所期間參加了讀書會。當時他的研究題目是分解白喉菌毒素，這和後來鑽研的分子生物學是不同的領域。但當時他就很清楚，科學研究的根基一定要奠定。「在能應用以前，紮根的動作要到位，要具備深入思考的能力。必要時，甚至要能對既定的前提提出質疑。」

好奇心之必要

青年時代，本庶佑就已有不爲權威所惑的科學家精神。這一點，他的同班同學中西重忠教授也證實了：「在學期間，本庶曾在仔細地了解實驗結果以後，提出了顛覆前提的疑問。」

另一名人生的導師是西塚泰美教授（一九三二至二〇〇四年，醫學研究者、生化學家）。「不要相信出版的論文。所有論文都可能有錯誤的地方。你必須帶著懷疑的精神，自己去發現其中的問題。」是西塚所傳授的科學研究態度。這種質疑精神至今仍深刻地影響著他。「這是一個重要的建議，特別對聰明的學生而言。聰明的學生很容易地就相信他們所學到的知識，然後硬把這些知識囫圇背下來。結果，他們雖然擁有豐富的知識卻失去了好奇心。」

「沒有了好奇心（Curiosity），就不要選擇走科學的路。」本庶坦率地建議。儘管科學家有許多類型，但是，找到自己究竟眞正想知道什麼，至爲重要。一九七〇年代他留學美國，眼界大開。在日本時對免疫學還懵懵懂懂，赴美後發現，美國人的有些作風觸動了他。例如勇於主張自己的意見、對各種問題有多元式的關注，提問的角度和架構理論的方式也很清新，這讓他對十九世紀末才有長足發展的免疫學更感興趣。

「不同的文化、思考方式和行動樣式，都會反映在科學上。」他主張唯有向外看才能跳脫井底之蛙之見，建議年輕人多用國際視野看事情，多接觸不同的文化和人，在反觀自己或國家的優缺點時非常有用。「我的手機裡有英國 BBC 的 APP。他們報導新聞的內容和日本完全不一樣。」

耄耋之年不顯老

本庶的嗜好相當廣泛。認識他的人都聽他說過和高爾夫球的因緣。在美國深造時是個窮博士研究員。但是上果嶺打高爾夫球很便宜（美金五元）因而常去，後來竟愛上高爾夫球。不僅如此，網球、麻將、滑雪、吹長笛樣樣來，還是阪神棒球虎隊的粉絲。他常說，高爾夫球這種運動和科學很類似。即使每一次打擊的條件都不一樣，但是要讓球往哪個方向、如何飛，怎麼旋轉才能停駐在果嶺上？都需要經過思考和必備的技術。重要的是，要避免重大的失誤。高爾夫球和其他團體競賽或計分遊戲不一樣。擊球的方法很多，但最後只能選其中一種。至於該如何判斷，主動權完全掌握在自己手裡。「這些元素，刺激了我的好奇心。高爾夫球其實是一個挑戰性很高的運動。」獨鍾高爾夫球的理由和科學研究相通。

俗事於他游刃有餘。這名世界級老科學家的眼裡獨尊滅絕癌症和拯救人命，另外還有幾個未完成的夢。

其中一個和高爾夫球有關。「我希望揮桿的分數能和年齡相呼應，有一天能拿到

諾貝爾醫學獎得主本庶佑於2014年獲頒唐獎。（唐獎教育基金會提供）

八十分。」另外，他也關心年輕研究員的出路，曾主動向京都大學提議將使用PD-1專利的費用做爲青年基金並展開募資行動。主動出擊是本庶佑的調性，枯坐等候他不擅長。獲頒諾貝爾獎後的日本記者會上，他給每家報社提問的時間僅四分鐘，比二〇一二年得主山中伸弥的十分鐘更短。

惜時如金，一如懸掛在京大校園時鐘所警示。步入耄耋之年，這位老邁的戰士尚有一個新的研究旅程正待開跑。

六十歲諾貝爾生理學．醫學獎得主山中伸弥逐夢成眞

（本篇以編寫的形式撰成）

繼本庶佑後，六十歲的山中伸弥是第二個應邀在台灣演講的日本諾貝爾生理學．醫學獎（二〇一二）得主。山中因發現iPS細胞獲獎。

一樣地，中山也是應台灣亞洲生技大會論壇邀請，在二〇二二年七月二十七日上午透過視訊發表了十五分鐘演講。iPS細胞是目前三大細胞療法之一，治療範圍及於罕見疾病、眼疾、脊髓損傷、帕金森症、癌症、糖尿病、各種器官衰竭等。細胞療法被預言將取代藥物治療成爲世紀新療法。然而，這位世界級日本醫學研究者，直到攀峰的心路歷程鮮少人知道。

郡山市民文化中心的報到櫃台上，用平板展示著iPS細胞。

三年前的一個八月中旬，中山伸弥初次在一群日本國、高中生面前說出自己的故事，地點在福島縣郡山市民文化中心二樓。當天中午，爲了這場演講，主辦單位京都大學ｉＰＳ細胞研究所（簡稱ＣｉＲＡ，Center for iPS Cell Research and Application）在演講前兩小時就開始佈置會場。會場裡洋溢著教育的氛圍，進口處長桌上擺著平板電腦和顯微鏡，讓出席者用來觀察ｉＰＳ細胞用。

ｉＰＳＣ細胞（induced Pluripotent Stem cell）由山中和他的團隊發現。ｉＰＳ細胞與ＥＳ細胞（胚胎幹細胞，Embryonic stem cell）一樣，具備再生的能力。在理論上，可以再分化爲成體的所有器官和組織。其中的經緯是二〇〇六年，一直都在關注ＥＳ細胞發展的山中及其團隊，發現了四個遺傳子（Oct3/4、Sox2、Klf4、c-Myc）的組合。他們將這幾個遺傳子從外導入老鼠和人的皮膚細胞，數週後皮膚細胞變成萬能細胞，此即ｉＰＳ細胞，意思是由人工誘導的多能幹細胞。這個重大的突破，讓他繼利根川進（免疫學專家，一九八七年獲諾貝爾獎）後，成爲第二個在相同領域獲獎的日本人。

2022 年 7 月 27 日，山中伸弥以「可負擔的 iPS 細胞」為題，在台灣亞洲生技論壇視訊演講。

iPS細胞在醫療上的應用

目前，iPS細胞在醫療上主要是應用在再生醫療（泛指利用細胞和組織移植，以讓疾病或因損傷而喪失的功能重生）和新藥開發。根據山中博士的說明，在再生醫療方面，正在進行的臨床研究多以眼科疾患爲主，例如加齡黃斑病變、眼角膜病變、網膜色素病變、膝蓋的軟骨損傷等。在做臨床實驗的有帕金森症、心臟衰竭。另針對血液疾患者採用iPS細胞培養的血小板進行輸血，以及針對頭頸癌患者進行免疫細胞治療等都已實施。其他計畫要做臨床研究與實驗的有各種癌症、糖尿病、肝臟與腎臟衰竭等。

利用iPS細胞治療後獲得成效的具體案例已陸續發表，例如針對兵庫縣一名七十多歲女性的老化黃斑病變執行移植手術；日本AMED與大阪大學合作，成功地執行了異體iPS細胞培養的視網膜色素上皮的移植手術。另外，日本各大學也積極投入利用iPS細胞做各種疾患的研究與實驗。例如京大CiRA對ALS（肌肉萎縮性側索硬化症，Amyotrophic lateral sclerosis）、帕金森症、血液疾

來台參加研討會CiRA的塚原正義教授（右）。

患進行研究；大阪大學將重心放在重症心力衰竭的研究；慶應大學專注對脊髓損傷的研究等。

京大CiRA的塚原正義教授曾來台參加「臺日再生醫學與細胞治療高峰會議」，並以「iPS細胞再生醫學項目的最新進展」爲題在會中發表論文。會後他透露，各大學的各項研究將陸續揭露成果。在開發新藥上的做法是，先將採自罕見疾病患者血液的細胞做成iPS細胞，再分化成大量的細胞後回輸到患者的患部，藉以了解疾病生成的原因後再進一步探索新藥開發。

目前研發出來的數種藥已步入臨床實驗的階段。例如阿茲海默症、遺傳性聽覺障礙Pendred症候群、ALS、FOP（進行性骨化性纖維發育不良，Fibrodysplasia Ossificans Progressiva）等。應用iPS開發新藥引起日本各大製藥廠高度關心。據聞武田藥品工業、安斯泰來、第一三共、富士軟片等大型製藥公司，都已採取行動展開與山中團隊的合作。

你的夢是什麼？

「iPS細胞可以幫助很多很多人。」山中伸弥將動機轉爲目標，找到生涯得以奔馳以赴的夢。

在郡山市的演講主題是「開拓未來科學的可能性——iPS細胞研究者談圓夢力」。演講一開始，就看到臺上投影片裡呈現了一個大大的「夢」字。「你的夢，是什麼呢？」山中博士轉身面對在座的年輕人，當場提問。

這一天的聽講者以國中生、高中生和家長爲主，多半來自福島及其周邊城市。爲了鼓舞三一一震災後的福島，山中率領CiRA的同仁和研究生們協同福島大學合辦了這場演講，演講的場地郡山市就在福島市隔壁，車程約五十分鐘。那天中午，天色灰暗，下了一場傾盆大雨。大雨似乎影響不了聽者的熱情，時間還沒到，演講廳裡紅色的座椅上已坐滿了人。

對成長期的青少年而言，如何做夢？如何找到自己的夢？是困難卻極重要的問題。「凡事多嘗試、多體驗。就算失敗了，也可能因爲自己做得夠多，更容易地找到關鍵點，更快地知道自己眞正想實現的是什

山中伸弥的信念：有夢最美。

日本中學生接受電視台訪問。

麼。」山中的聲音沈穩地迴盪在會場。昏暗燈光下的身影瘦長遙遠，投影片上的「夢」字蓋過了一切。

對照著投影片上的照片，山中娓娓地道出自己如何在困頓中讓夢想逐漸成形。回想起來，父親感染病毒去世、中年罹患憂鬱症、晚成的就職、追尋未來醫學的渴望，都是曾經的磨難。「VW是我的座右銘。V是Vision，夢；W是Work-hard，努力地工作。像跑馬拉松那樣，每天每天紮實地練習，不去想一下子就衝刺到終點。志向愈遠大、時間愈拉長，生命會愈有重量。像青蛙似地，在跳躍前先深蹲。深蹲後縱身一躍，是跳得更高的要訣。」山中擅用比喻闡述深刻的想法與體認。他本身是業餘馬拉松跑者，經常參加各種比賽。

無藥可醫父親的死

山中習醫與父親有關。讀中學時，原是交通警察的父親因爲負傷輸血而遭病毒感染，後來罹患肝炎，在五十八歲那年去世。病因是「非A非B型肝炎」，意思是原因不明的肝炎。治療期間，父親鼓勵山中放棄經營工廠的家業改習醫救人。聽從父親的指示，山中二十五歲從醫學系畢業、三十三歲成爲骨科醫生，後來轉做醫學研究者。

「知道父親的病名是C型肝炎，是他去世後第二年的一九八九年。致命的原因是一個直徑才約六十奈米的小小病毒。只不過，從發現病毒的一九八九年到二〇一四年治療藥HARVONIC上市，卻花了二十五年的時間。」

藥物如果早一點研發出來，父親也許可以免於一死，是他從臨床醫生轉爲醫學研究者的關鍵因素，但當時對醫學研究的意義仍未通透。給了他一記當頭棒喝的是Robert Mary教授，當年美國加州大學舊金山分校附屬格拉德斯通心血管病研究所所長。講到這裡，中山在台上秀出一張照片。照片裡是Robert Mary教授，只見他把右腳高高地跨在福斯（簡ＶＷ，Volkswagen）汽車的車頭桿上，一副得意的樣子。「這輛福斯汽車是Mary的愛車，座右銘ＶＷ的諧音也因它而來。」山中透露，座右銘ＶＷ是他困頓時的力量，影響了他的一生。

話說有一天，Mary找來所有年輕的研究者，詢問他們對將來有什麼憧憬。「家庭、研究費，成爲成功的研究者。」山中不假思索地順溜回答。「不對，那不叫憧憬，那只是達到目標的工具而已。眞正的憧憬是，你爲什麼想成爲研究者？」Mary當場糾正。就像在閉目打坐參禪那樣，恍神了的參禪者山中的肩膀，突然被禪師的站板重重地敲了一下，被敲醒了的他重新反省。父親之所以壯年離世，是因爲當時沒有救命的藥。足以治癒父親的治療藥耗時數十年才出現。「藥物的研發曠日費時。另一方面，借重研究的力量才能造福更多人、影響更長遠。」這是條艱辛漫長的道路，但成爲醫學研究者的眞正意義終於找到了。

困頓中尋獲希望

然而現實中事與願違多，橫亙眼前的是一道道難關。山中爲了做博士後研究必須赴美深造，當時連續寫了二十多封信到美國，最後終於獲得 Thomas Innerity 教授的注意。讀了山中的信以後，Thomas 在電話口試裡問道：「Do you work hard?」「Yes, I do!」通過電話口試，負笈美國（一九九三）時已三十一歲。三年後學成歸國，等著他的是一連串的關卡。返國後，他罹患了憂鬱症。主因是日本與美國的文化、研究環境不同，導致適應不良。

原來，在美國他可以專注地做研究，投稿的論文也多在一個月後就能被醫療雜誌採用。但在日本，研究以外會被課以許多雜務，例如關在研究室裡養實驗鼠之類，根本沒有餘力做自己喜歡的研究。如今回想曾經的痛，山中幽默地把病名取爲「PAD」（Post America Depression，後美國大蕭條）。而且謀職之路也不順。原以爲靠紮實的研究實力就能在研究所或大學任教，完全不知道在日本除了學歷，人脈也很重要。缺乏人脈的山中，在多次投遞履歷碰壁後，正暗忖再投一家不成就放棄，然後回頭做臨床研究、實驗，從零開始吧。怎料這時愛捉弄的命運之神大發善心，最後投遞的那所大學（奈良尖端科學技術大學院大學）竟錄用了他。

這時已三十七歲了。但是依然對終於擁有獨立的研究室高興，躍躍欲試地正待大展身手之際，未料新的試煉出現了。二〇〇〇年四月，當時入學的研究生一百二十名，教師卻有十多人，學生少、教師多。意思是如果想開課成功，一名老師至少要爭取到二至三名研究生才行。教師們爲此暗中卯勁搶學生。

一般而言，優秀的研究生通常偏好有名的教授、研究有佳績。山中伸弥兩者皆無。在教師群中他資歷最淺、籍籍無名，研究成果乏善可陳。

用夢想騙到學生

遇到路障了，怎麼辦？山中內心的不安再度沸騰。要如何吸引學生？他絞盡腦汁。隨後靈光一閃，想起了座右銘「夢」字。夢，有憧憬未來．未知、冒險挑戰的意涵。對於習慣性地說「我做不到」的人來說，奇蹟不會發生在他們身上。所以，值得敢冒險的人挑戰的未來醫學的研究和技術是什麼？當時他已持續地關注ＥＳ細胞多時，後來也的確成了發現ｉＰＳ細胞的契機。事後證明，人體的細胞確實奧妙精深，適合拿來想像未來的醫學。

他想起朋友島本功教授提醒過：「你一直強調製造萬能細胞很難，但是在植物的世界裡卻非常簡單，例如插條繁殖的原理。植物在移植前先剪掉根或莖，這時被剪的地方會湧現新的細胞。把剪掉了的根莖植入某種物質，新的根、莖、芽苞會重新長出來，綿延不絕。」這段話，讓山中重新調整心態。他想，對植物來說是容易的事，也許動物也做得到。

「我所想像的萬能細胞是擷取人類的皮膚細胞、血液細胞、各類器官的細胞後，透過透徹的研究和技術，把這些細胞培養得像胚胎幹細胞那樣也是萬能的。你們想想，這是多麼神奇的事呀。」腦筋轉彎了以後，在開學典禮上，山中以鏗鏘有力的聲音，透過投影片宣傳自己的夢想，不諱言可能是一個泡沫：「要獲得成果可能需要十年、二十年、三十年，甚至一生都不可得。不過，不正因為這樣，所以才有挑戰的價值嗎？」

結果，這個結合「眞心＋甜蘋果（夢）＋毒藥（可能失敗，驚險）」的奇妙策略，讓他成功地騙到三個學生。課開成研究也隨之展開。「沒想到原以為可能要費時數十年的研究，在短短的六、七年做到了。」

馬拉松選手的持續力

「勇敢做夢、培養持續力，然後全力以赴。」在馬拉松跑者山中伸弥的人生字典裡，沒有「放棄」這兩個字。只不過，眼前還有不少要克服的課題，像是如何縮短研發到實用化的時間和壓低藥價。

時不我予。山中伸弥採取行動開跑了。他把庫存的iPS細胞無償地供給大學，以每個細胞株僅十萬日圓的低價賣給企業；大力推廣「my iPS」，協助患者在需要時從自己身上採取，用自己身上的好細胞醫自己的病。但目前因細胞重製的時間（半年至一年）和治療價格（數千萬日圓）都很高，每讓醫療機構和患者卻步。「二〇二五年以後，我想價格應可降到百萬日圓，在一個月內做成。」

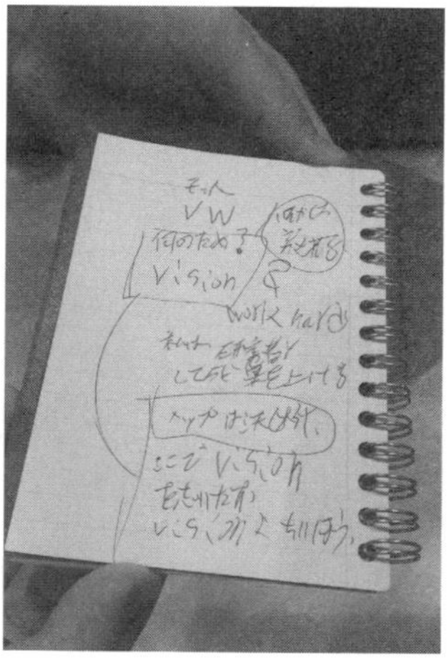

來自福島市松井大輔的筆記。山中伸弥持續地用vision，「騙」到年輕的一代，不斷勇往向前。

夢想的影響逐日深遠開闊。山中的勵志故事讓在場聆聽的年輕人動容。演講中，學子們勤做筆記；演講後，踴躍舉手發問。會後幾個接受電視台訪問的中學生，表情靦腆卻態度大方地侃侃而談。來自福島市的高中生松井大輔也做了筆記。筆記上特別顯眼的幾個字是「無力感」和「Vision」。顯然地，行到人生交叉點的山中伸弥內心的光與影，讓這個年輕人起了共鳴。

「從山中老師身上得到了勇氣。」松井眼睛直視前方，以肯定的語氣說道。聽完演講，我和松井大輔結伴步向郡山車站。三一一震災發生時，他還是小學生，後來隨父母遷至鄰近的仙台市，離鄉背井的生活波動頻仍。數年前一家人終於重返福島。一路上，他說了不少話，還主動提及自己是班級幹部，以後想多服務別人、常做公益。這一點，可以從他堅持替我提行李的動作感知。

電車來了，兩人互道再見。「希望松井將來也能用 Vision 超越無力感。」當時，我的心裡是這麼想的。

長日將盡，來杯 sake 吧。——
我所知，新長壽時代的日本和日本人

作　　者／姚巧梅
社　　長／林宜澐
總 編 輯／廖志墭
編　　輯／賴秀美
封面設計／BIANCO
內文排版／藍天圖物宣字社

出　　版／蔚藍文化出版股份有限公司
　　　　　地址：110 臺北市信義區基隆路一段 167 號 5 樓之 1
　　　　　電話：02-22431897
　　　　　臉書：https://www.facebook.com/AZUREPUBLISH/
　　　　　讀者服務信箱：azurebks@gmail.com

總 經 銷／大和書報圖書股份有限公司
　　　　　地址：24890 新北市新莊區五工五路 2 號
　　　　　電話：02-8990-2588

法律顧問／眾律國際法律事務所　著作權律師／范國華律師
　　　　　電話：02-2759-5585　網站：www.zoomlaw.net

印　　刷／世和印製企業有限公司
定　　價／新台幣 380 元
I S B N ／978-626-7275-03-0
初版一刷／2023 年 2 月

國家圖書館出版品預行編目（CIP）資料

長日將盡，來杯 sake 吧。——我所知，新長壽時代的日本和日本人／姚巧梅著 . -- 初版 . -- 臺北市：蔚藍文化出版股份有限公司 , 2023.02
　面；　公分
ISBN 978-626-7275-03-0（平裝）

1. CST：老人福利　2. CST：長期照護　3. CST：日本

544.85　　112000048